Aus Barbara Hübners
feiner Würzküche

Aus Barbara Hübners feiner Würzküche

Band I

Gerichte mit Getreide
Suppen und Nachspeisen
Frühstücks- und Abendgerichte

Verlag Freies Geistesleben

CIP-Kurztitelaufnahme der Deutschen Bibliothek

Hübner, Barbara:
Aus Barbara Hübners feiner Würzküche: Gerichte mit Getreide. Suppen und Nachspeisen, Frühstücks- und Abendgerichte/[Barbara Hübner. Zeichnungen: Christoph Fischer]. – 2. Auflage, Stuttgart: Verlag Freies Geistesleben, 1988.

ISBN 3-7725-0785-9

NE: HST

Rezepte und Texte: Barbara Hübner unter Mitarbeit von Irmgard Kranich.
Zeichnungen: Christoph Fischer.
Einband: Thomas Heer mit Zeichnungen von Christoph Fischer.
Der Rezeptteil wurde geschrieben von Emil Fischer.

2. Auflage 1988

© 1983 Verlag Freies Geistesleben GmbH, Stuttgart
Druck: Chr. Kammler, Stuttgart

Inhalt

Was ist das Besondere in diesem Buch?

Immer deutlicher wird heute empfunden: Die Art und Weise, wie der Mensch sich ernährt, beeinflußt nicht nur seinen Körper, sie wirkt viel umfassender, nämlich tief in sein Geistig-Seelisches hinein. Wie aber ist eine solche Wirkung möglich? Zunächst werden die Nahrungsmittel als fremde Stoffe aufgenommen, und der Mensch muß sich mit ihnen auseinandersetzen. Die Dynamik, die im Organismus dabei entfaltet wird, ist nun von entscheidender Bedeutung für den ganzen Menschen: »Das Leben besteht aus der Arbeit, nicht in den Stoffen, und das ist das allerwichtigste, daß man weiß, daß das Leben gar nicht im Verzehren von Kohl und Rüben besteht, sondern darin, was der Körper tun muß, wenn in ihn Kohl- oder Rübenstoff hineinkommt.«* Die Anregung zu dieser Tätigkeit geht aus von den Substanzen, von ihrer inneren Qualität. Gelingt es dem Menschen nicht, die Auseinandersetzung mit diesen fremden Stoffen zu bewältigen, so erschwert ihm die Ernährung, was sie ihm eigentlich erleichtern sollte: das Ergreifen und Durchdringen des eigenen Organismus mit den Kräften der Persönlichkeit, den Ich-Kräften, um Impulse zu geistig-seelischer Vertiefung und Entfaltung im täglichen Leben so zu verwirklichen, daß sie nicht nur ihm selbst, sondern auch seinem sozialen Umfeld zugutekommen – in Einklang mit allem, was lebenserhaltend und lebensfördernd ist. Auf die Dauer wird das aber nur erreichbar sein, wenn der Mensch erneut dazu übergeht, seine Nahrungsmittel so zu erzeugen, daß sie ihm eine entsprechende innere Qualität entgegenbringen.

In den Produkten der konventionellen Landwirtschaft, den meisten industriell verarbeiteten Nahrungsmitteln und vor allem denjenigen, die synthetische Zusatzstoffe enthalten, finden wir diese lebendige innere Qualität nicht mehr. Sie kann nur entstehen, wenn in gärtnerischen und landwirtschaftlichen Betrieben die biologischen und ökologischen Zusammenhänge auf das sorgfältigste beachtet werden. Das erstrebt man in der biologischen und wesentlich umfassender und konsequenter in der biologisch-dynamischen Wirtschaftsweise. Dort werden keine chemischen Substanzen wie leicht lösliche Mine-

*Rudolf Steiner, Über das Wesen der Bienen. In GA 351, Dornach 1978.

7

raldünger und giftige Pflanzenbehandlungsmittel verwendet oder, beispielsweise, Antibiotika in der Tierhaltung. Stattdessen versucht man, durch pflegerische Maßnahmen zu erreichen, daß die Bildekräfte des Irdischen, die durch die Elemente Erde und Wasser zur Substanzbildung führen, harmonisch zusammenwirken mit den kosmischen Bildekräften, die durch die Elemente von Licht, Luft und Wärme zur Qualitätsbildung führen. Einbezogen in diese pflegerischen Maßnahmen werden auch die vielseitigen Wirkungen kosmischer Rhythmen sowie besonders präparierte Natursubstanzen und Heilpflanzen. Die Formen der Betriebe und alle Tätigkeiten werden so gestaltet, daß nicht eine fabrikartige Produktionsstätte für Nahrungsmittel und Tiere entsteht, sondern ein lebendiger Organismus mit seinen rhythmischen Abläufen. Daß diese Maßnahmen bis in die Substanzprozesse der Nahrungsprodukte hinein wirksam sind, läßt sich durch vergleichende Kontrolluntersuchungen und Analysen nachweisen.

Im Haushalt wird bemerkbar, daß so erzeugte Nahrungspflanzen fester in ihrer Struktur sind, infolgedessen beim Kochen nicht so zusammenfallen, sich länger halten, besser sättigen, wesentlich bekömmlicher sind und vor allem ein unvergleichlich viel feineres, aber auch kräftigeres Aroma haben als die üblichen Erzeugnisse. Diese Eigenschaften veranlassen viele Verbraucher, sie trotz ihrer höheren Preise zu bevorzugen.

Lob der Suppe

Warum finden sich in unserem Buch so viele Rezepte für Suppen? Als wärmende, mineralstoffreiche Gerichte beleben diese Suppen sowohl den Wärme- als auch den Flüssigkeitshaushalt des Körpers, die beide heutzutage sehr vernachlässigt werden. Sie regen den Abbau an und den Aufbau, bekämpfen Tendenzen zu Verhärtung (Sklerose), Schrumpfung (Bandscheiben, Kieferschwund), Bindegewebsschwäche, Knochenschwund (Osteoporose) usw. Die Erfahrung hat gezeigt, daß Suppen, zubereitet wie hier vorgeschlagen, von jung und alt im täglichen Speiseplan bejaht werden. Übergewicht erzeugen sie nicht, vielmehr helfen sie mit, es zu bekämpfen.

Nachdem der Entschluß gefaßt war, eine große Fülle guter Rezepte zu bringen, durch die es leicht fällt, auf industriell vorgefertigte Suppen sowie Knochen- und Fleischbrühen zu verzichten, wurde uns folgende kleine Begebenheit erzählt: Rudolf Steiner, dessen Anthroposophie das Buch seine Gesamtorientierung verdankt, legte großen Wert auf tägliche – fleischlose – Suppen und bemerkte einmal zu der Mitarbeiterin, die sie ihm vermutlich immer sehr schmackhaft zubereitete: »Wenn Sie einmal ein Suppenkochbuch schreiben, dann schreibe ich das Vorwort dazu!« Diese Anregung wurde nicht aufgegriffen.

Hier ist nun ein Suppenkochbuch, bereichert durch allerlei Rezepte für andere Gerichte, insbesondere für schmackhafte Speisen zum Frühstück und Abendessen. Auch Menschen mit empfindlichen Verdauungsorganen, die auf eine Vollwertkost ohne isolierte Süßungsmittel eingestellt sind, finden viele geeignete Gerichte. Die Rezeptangaben sind gut überschaubar angeordnet und so ausgearbeitet, daß auch Anfänger leicht mit ihnen umgehen können.

Einiges zur Küchenpraxis

Vollkorngetreide, Grundbestandteil der meisten Gerichte, muß durch schonende Verfahren mit Hilfe von Wärme bzw. Feuchtigkeit aufgeschlossen werden, wahlweise durch Darren oder Schroten bzw. Einweichen.

Darren: Hier wird an eine alte bäuerliche Sitte angeknüpft: Nach dem Brotbacken breitete man im noch warmen Steinofen das Getreide aus. Im Haushalt darrt man durch langsam ansteigendes Erwärmen im Backofen auf ca. 80-100 °C eine Stunde oder – sofern man es vorher mit ca. 10 % Wasser 20 Min. zugedeckt vorquellen ließ – auch länger, bis das Getreide kroß wird und duftet. Für Buchweizen genügen meist 50 Min.

Demeter-Thermogetreide, im Handel angeboten, wird in eigens dafür entwickelten Steindrehtrommelöfen hergestellt unter sorgfältigst kontrollierter Wärmeführung und anschließend in speziellen Steinmühlen vermahlen zu Mehl, Grieß, Grütze.*

*Herstellung und Produktinformation: Bauck KG, s. Anschriftenliste. S. 265

9

Im Getreide entwickeln sich durch diese Verfahren neue Eigenschaften: Stärke beginnt sich in Zucker umzuwandeln, arteigenes Aroma entfaltet sich, das Getreide wird bekömmlicher, es läßt sich schneller und einfacher verarbeiten, es bleibt beim Kochen locker, weil die Stärke nicht mehr verkleistert, es läßt sich auch in vermahlenem Zustand längere Zeit aufbewahren ohne Qualitätsverlust.

Mahlen bzw. Schroten sollte man erst unmittelbar vor der Verarbeitung, da die Qualität sofort beeinträchtigt wird durch Einwirken des Luftsauerstoffs. Ein reiches Angebot von Hand- und elektrischen Haushaltsmühlen steht zur Verfügung.*

Einweichen: Um die wertvollen Mineralstoffe des Getreidekornes völlig aufzuschließen, muß das Enzym Phytase, das sich in größerer Menge in den Randschichten des reifen Kornes gebildet hat, zur Wirksamkeit gebracht werden. Das geschieht, wenn man das Korn kalt, höchstens lauwarm, in Wasser einweicht – mindestens eine, am besten 10 Stunden vor dem Kochen.

Man muß unbedingt einweichen: Mais, Dinkel, Weizen, Roggen, Gerste, Hafer (geschrotet höchstens 6 Stunden, da er sonst leicht bitter wird), so wie alle Hülsenfrüchte.

Man kann, aber muß nicht einweichen: Graupen (Rollgerste), Reis, Buchweizen (geschälte Körner), Grünkern (unausgereifter Dinkel), Flocken, gedarrtes und Thermo-Getreide.

Man weicht nicht ein: Grieß, Maisgrieß, Hirse und Teigwaren.

Einweichen verkürzt auf jeden Fall die Garzeit, deshalb ist sowohl für ganze Körner als auch für Schrot eine lange Einweichzeit empfehlenswert.

Wer sich schon längere Zeit auf Vollkornernährung umgestellt hat, kann insbesondere für Schrot eine kürzere Einweichzeit wählen, da er allmählich das Enzym Phytase im eigenen Verdauungsorganismus entwickelt.

Bei Brot und Gebäck bewirken Teigruhe und saures Milieu dasselbe wie Einweichen. Der Teig muß stets etwas feuchter sein als bei Verwendung von Auszugsmehl.

»Vorbereitung« ist in den Rezepten angegeben, wenn längere Einweichzeit – über Nacht – empfohlen wird.

*Handbuch der Haushaltsgetreidemühlen, s. Literaturverzeichnis

Kochen dient dem weiteren schonenden Aufschließen des Getreides. Man sollte das Einweichwasser immer mitverwenden und sachte köcheln ohne Druck (keine Dampfdrucktöpfe!), damit möglichst wenig Wasser verdunstet; notfalls heißes nachfüllen.

Salzen erst gegen Ende der Kochzeit; zu frühes Salzen verhindert bei ungeschälten ganzen Körnern das Weichwerden.

Nachquellen beendet den Prozeß des Aufschließens durch milde Wärme in geeigneter Umgebung: Kochkiste, Wolldecke, Thermogefäß, Wasserbad oder auf einer Warmhalteplatte in einem Topf mit Thermikboden.

Salz: Es werden empfohlen Steinsalz ohne Ergänzungsstoffe, Meersalz (rückstandsgeprüft) sowie verschiedene Kräutersalzmischungen auf Meersalzbasis.

Auf Suppenwürze kann man im allgemeinen verzichten, wenn man Gemüse- und Kräuterbrühen zubereitet und würzt, wie hier vorgeschlagen, insbesondere durch Mitkochen der mineralstoffreichen Brennessel. Dafür nimmt man die ganze Pflanze, frisch oder getrocknet (im April und September ist ihr Eisengehalt, vor allem an besonnten Plätzen, besonders hoch).

Möchte man dennoch eine Würze verwenden, so empfiehlt sich Sekowa-Gemüsebrühe (aus schonend getrockneten Gemüsen und Kräutern mit Meersalz, ohne Hefe und andere Zusätze (s. Bezugsquellen S. 265).

Hefewürze sollte man nur wählen, wenn sie aus Bierhefe – auf natürlichen Rohstoffen gewachsen! – gewonnen wird wie z. B. Cenovis (enthält allerdings Glutamat!). Auch eine fermentierte Sojawürze, die eine milchsaure Gärung durchgemacht hat, kann man zusetzen.

Süßen: Es werden nur Süßungsmittel angegeben, die noch im organischen Zusammenhang stehen mit ihren natürlichen Begleitstoffen, also keine isolierten bzw. raffinierten Produkte wie weißer und brauner Zucker oder handelsübliche Fruchtzucker sowie keine synthetischen Süßungsstoffe.

Die übliche Zivilisationskost ruft, wie bekannt, vielfältige Mangelerscheinungen hervor. Stellt man sich auf Vollwertkost um und verwendet dabei ausschließlich die in den Rezepten vorgeschlagenen Süßungsmittel, dann verschwinden allmählich diese Mangelerscheinungen. Das durch die Fehlernährung entartete Darmmilieu gesundet, die lebenswichtigen Substanzen der Nahrungsmittel, vor allem auch des Vollkorns (Vitamine und Mineralien, auch in Spuren) können vom Körper ganz ausgewertet werden, er wird wieder fähig, aus der aufgenommenen Stärke, etwa des Vollkorns, Zucker aufzubauen, und das suchtartige Verlangen nach Süßem verliert sich. Voraussetzung dafür ist aber auch gutes Aufschließen des Getreides und gründliches Kauen. Dann entwickelt sich ein verfeinertes Empfinden für die Qualität des Süßen und für echte Nahrungsqualität überhaupt.

Zum Säuern: Es bieten sich an: saure Obstsäfte wie Zitronensaft und Obstdicksäfte, Sauerkrautsaft (in Flaschen erhältlich), Molkosan (eingedickte Molke), evtl. Demeter-Apfelessig, Demeter-Kwaß und Kanne-Brottrunk (milchsauer). Synthetisch erzeugte Produkte wie Zitronensäurepulver und Essigessenz sollte man vermeiden.

Fette: Zu bevorzugen sind kaltgepreßte Öle; das besonders hochwertige Leinöl und Butter nur zum Abrunden. Leinöl hat ein mildes, nußartiges Aroma; da es aber sehr rasch verdirbt – kratzig, bitter, tranig wird –, bezieht man es am besten frisch gepreßt direkt von einer Ölmühle. (s. Bezugsquellen S. 265)
Alle Fette sollten nur mäßig erwärmt werden. Wer empfindlich ist, setzt sie erst nach dem Kochen zu. Deshalb wird auch nicht Anbraten empfohlen, sondern Andünsten in Fett mit etwas Wasser, wodurch die Temperatur nicht über 100° steigt.
Auch beim Backen steigt die Temperatur im Backwerk durch dessen Wassergehalt nicht höher. Zum Backen wird empfohlen: Öl, Butter oder das auch in Demeter-Qualität erhältliche Butterschmalz, d. h. Butter, der durch Erwärmen ihr Wassergehalt von ca. 16 % entzogen wurde. Das ist bei der Teigzubereitung zu beachten.

Eiweiß: Der Bedarf des Menschen sollte nicht nur von der Menge, sondern ebenso auch von Qualität und geeigneten Kombinationen verschiedener Eiweißarten bestimmt werden. Für die Qualität von pflanzlichem Eiweiß ist ausschlaggebend, daß es entsteht im harmonischen Zusammenwirken der kosmischen Kräfte Licht, Luft und Wärme mit den Stoffen der Erde, den Mineralsalzen. Auch in Milch, Eiern und Fleisch entwickelt sich unter diesen Voraussetzungen ein qualitativ hochwertiges Eiweiß.

12

Heute ist bekannt, daß jeder Mensch sein individuelles Eiweiß aufbaut. Dieser Prozeß wird auch angeregt durch den Genuß von Obst und Würzkräutern, insbesondere solchen aus der Familie der Kreuzblütler.

Diese hier angedeuteten Gesichtspunkte gaben Veranlassung, beim Ausarbeiten der Rezepte zu verzichten auf Fleisch, Fisch, Eier, Soja und Pilze – alles Träger von überaus konzentriertem Eiweiß. Die Qualität dieser Produkte entspricht, soweit sie aus konventioneller Produktion stammen, nicht den hier zugrundegelegten Ansprüchen. Wer nicht darauf verzichten möchte, bevorzuge wenigstens Produkte von biologisch oder biologisch-dynamisch wirtschaftenden Betrieben.

Der tägliche Eiweißbedarf kann aber auch ohne sie gedeckt werden durch Vollgetreide mit seinen besonders hochwertigen Eiweißarten, ergänzt durch Milch und Milchprodukte, Nüsse, ab und zu auch durch Hülsenfrüchte sowie durch Gemüse, Salate und Früchte.

Milch und Milchprodukte: Die in den Rezepten angeführte Demeter-Schwedenmilch ist eine besonders wohlschmeckende Dickmilch mt 3,5 % Fettgehalt. – Quark wird hier immer in der Magerstufe verwendet, und zwar als Demeter-Quark, der trockener ist als der konventionelle.

Lockerungsmittel: Vorwiegend für kalte Speisen geschlagene Sahne, für Teige Sauermilchprodukte, kohlensäurereiches Mineralwasser; Fett unterstützt die Lockerung durch sein Gashaltevermögen. Nur biologische Triebmittel führen zur vollen Entfaltung der Aromastoffe des Getreides; sie gehen mit dem Teig eine organische Verbindung ein. Die chemischen Triebmittel wie Backpulver usw. vermögen das nicht, außerdem mindern oder zerstören sie teilweise die Vitamine, der Geschmack wird fade, manche hinterlassen Rückstände im Gebäck. Das trifft auch für Bäckerhefe zu, soweit sie, wie fast allgemein üblich, mit synthetischen Nährlösungen hergestellt wird.*

*Ada Pokorny, Die Verarbeitung des Getreides zu Brot und Gebäck. (s. Literaturhinweise S. 267)

Über das Würzen

Die hier vorgeschlagenen Gerichte erhalten ihren Rang durch die besondere Art, in der das Würzen gehandhabt wird (ausführlichere Hinweise über das Würzen s. Bd. II).

Die Auseinandersetzung mit der Nahrung beginnt, sobald das bewußte Riechen, das Wahrnehmen mit den Augen und das Schmecken Empfindungen weckt; der Säftestrom in den Verdauungsdrüsen wird nun mobilisiert und je nach der angekündigten Speise in seiner Zusammensetzung nuanciert.

Wie wirken die Gewürze?

Betrachtet man Nahrungspflanzen, so lassen sich gewisse Einseitigkeiten entdecken: Die nahrhaften Substanzen sind entweder nur in der Wurzel angesammelt bei Rüben, oder in Stengel bzw. Blatt etwa bei Mangold, Kohl und Salaten, oder aber in der Blüten-Frucht-Region bei Artischocke, Broccoli, Blumenkohl, Nüssen, Getreiden und allen Obstarten. Dagegen zeigen die Würzpflanzen keine voluminösen Nährstoffansammlungen, entwickeln dafür aber, vorwiegend in Samen, Blüten oder Blättern intensive Würzkraft, indem sie ganz durchdrungen werden durch die hereinströmenden kosmischen Kräfte, von Wärme, Licht und Luft – manche bis herunter in die Wurzel, womit diese Region, in der das Mineralische vorherrscht, sich dem ätherischen Element des Blüten-Frucht-Bereiches öffnet, so z. B. bei Meerrettich, Ingwer, Curcuma.

Die Vielfalt der Gewürze läßt sich in vier große Gruppen gliedern.

1. Die besonders durch *Wärme* geprägten Gewürze impulsieren auch im Menschen Wärmeprozesse, die ihm helfen, sich im Leiblichen zu verankern, indem sie die Stoffwechselprozesse und das Willensleben befeuern.

Viele *Lippenblütler* der gemäßigten Zone gehören hierher: Salbei, Thymian, Majoran, Dost, Origanum, Bohnenkraut, Basilikum, Isop, Rosmarin, Lavendel, Minzen, Zitronenmelisse, Gundermann.

Außerdem schenken uns verschiedene Pflanzenfamilien der Tropen feurige Gewürze wie Gewürznelken, Muskatnuß und -blüte, Piment, Kardamom, Paprika; Zimt, Ingwer, Curcuma.

Während die Lippenblütler ihre Würzkraft im Blattbereich entfalten, stammen die tropischen Gewürze meist aus dem Blütenbereich, sind Früchte und Samen; oder ihre Würzkraft ist heruntergezogen in die Rinde wie beim Zimt bzw. in die Wurzel wie bei Ingwer und Curcuma.

2. Die Gewürze der *Doldenblütler* zeigen ihre Beziehung zum *Licht* in fein ziselierten Blättern, die zur *Luft* in hohlen Stengeln. Das luftige Element durchdringt ihren gesamten Flüssigkeitshaushalt. Dadurch wirken sie im Menschen über die Drüsen anregend im Bereich des Flüssigen sowie auch auf die Vorgänge der Durchlichtung, der Durchatmung, »Durchluftung« – bekanntlich ordnen sie entgleiste Luftprozesse wie Aufstoßen und Blähungen. Sie unterstützen die Verdauung, besonders auch der kohlehydratreichen Speisen Brot, Gebäck, Getreide- und Obstgerichte und der schwerverdaulichen Hülsenfrüchte.

Zu den Doldenblütlern zählen Anis, Fenchel, Kümmel, Koriander, Liebstöckel, Kerbel, Dill, Petersilie. Auch einige Nahrungspflanzen sind hier zu nennen wie Sellerie, Möhre, Pastinake und Wurzelpetersilie.

3. Gewürze, die Schwefelprozesse anregen: unter ihnen zeichnet sich die Gruppe der Kreuzblütler durch eine schier unverwüstliche *Lebenskraft* aus sowie durch große Verwandlungs- und Vermehrungsfähigkeit. Beim Menschen aktivieren sie die vegetativen Prozesse, die Lebensvorgänge Ernährung und Heilung. In ihnen wirkt der Verwandlungskünstler Schwefel, der sich uns deutlich bemerkbar macht in den scharfen, oftmals beißenden Aromen. Dadurch unterstützen diese Pflanzen den Eiweißstoffwechsel.

Man denke hier an *Kreuzblütler* wie die Kressearten, Meerrettich, Löffelkraut, Senf, Wiesenschaumkraut, Mauerdoppelsamen, Knoblauch, Rauke und Barbarakraut, aber auch an *Liliengewächse* wie Küchenzwiebel, Schnittlauch, Knoblauch und andere Laucharten, die bekannt sind als Gewürze insbesondere für eiweißreiche Speisen wie Hülsenfrüchte, Fleisch, Eier, Käse, Quark.

4. Außerdem finden wir bei den *Korbblütlern* wertvolle Gewürze, die vorwiegend durch ihre verschiedenartigen Bitterstoffe den Gesamtstoffwechsel unterstützen: Wermut, Löwenzahn, Eberraute, Schafgarbe, Estragon und die entzündungswidrige Kamille.

Wie geht man mit den Gewürzen um?

Ziehen, Mitkochen:
Als Faustregel gilt dasselbe wie für Kräutertee: *Wurzeln und Samen* 8-15 Minuten *kochen* (fein Vermahlen und Einweichen verkürzt die Kochzeit), *Blätter* einmal kurz aufwallen und (oder nur) ziehen lassen, *Blüten* nur kurz überbrühen und ziehen lassen.

Fügt man die Gewürze erst nach dem Kochen bei und läßt sie in der Speise durchziehen, so wendet man sich vorwiegend an die Funktionen bestimmter Organe; die Wirkung ähnelt dann der eines Kräutertees.

Kocht man die Gewürze mit – Stengel, Blätter, Blüten kürzer, Samen und Wurzeln länger –, so beeinflussen sie entscheidend den Grundcharakter der verwendeten Nahrungspflanzen; dadurch kann man eine Einseitigkeit harmonisieren:

Rote Bete, ein Strand- oder Salzgewächs, hat als Nahrungsträger die Wurzel, also den mineralischen, den »Salz«-Pol ausgebildet. Zur *Harmonisierung* kocht man sie mit Gewürzen, die den Gegenpol betonen, das Wärme- und Luftelement der Frucht- und Samenregion, damit das Gericht lieblicher und leichter wird: Anis, Koriander, Piment, Nelke, Kümmel, Ingwer, ergänzt mit Äpfeln, Zitronensaft, Honig und Öl.

Eine Einseitigkeit unterstützen:

Holundersuppe: Man wählt Gewürze gleicher Wirkensrichtung, nämlich die »befeuernden« Kräfte des Fruchtpols betonend und damit die durchwärmende Wirkung noch steigernd: Anis, Nelke, Koriander, Piment, Zimt, Ingwer, ebenfalls ergänzt mit Äpfeln, Zitronensaft, Honig.

Aufbewahren und Zerkleinern:
Frische Kräuter lassen sich 8-14 Tage frisch halten: recht kalt waschen, Stengel anschneiden, gut abtropfen, luftabgeschlossen auf einem feuchten Tuch in einem Schraubglas verwahren, kühlstellen.

Getrocknete Kräuter vor Licht und Luft geschützt aufbewahren, möglichst erst kurz vor Gebrauch zerkleinern in Porzellanmörser, Drahtsieb mit 1,5 mm Lochung, Samen im Mörser anstoßen, mahlen in einer Gewürzmühle oder Handkaffeemühle, Wurzeln auf einer Muskatreibe.

Unvermahlen weicht man sie am besten vorher ein und seiht sie
nach dem Kochen ab.

Schalen von Zitrusfrüchten, die naturbelassen sind, lassen sich dünn
abgeschält trocknen, in verschlossenem Glas aufbewahren, zum
Gebrauch angefeuchtet fein hacken. Oder das von der Frucht dünn
Abgeriebene mit Honig vermischen. So hält es sich sehr lang und ist
stets griffbereit.

Mengenangaben:

Bei Gewürzen können immer nur Hinweise gegeben werden, da die
Würzkraft sehr unterschiedlich ist, denn sie hängt ab vom Klima, dem
Boden und der Anbauweise sowie der Erntezeit, der Trocknung und
Aufbewahrung.

Für Kinder sollte man zurückhaltend, für ältere Menschen intensiv
würzen.*

Nicht begaste, nicht bestrahlte Trocken- und Frischkräuter bekommt
man aus biologisch-dynamischen und biologischem Anbau.**

Das weithin vorhandene instinktive Wissen über die Würz- und Heilpflanzen ist fast völlig geschwunden, aber zutiefst in der menschli-
chen Natur veranlagt. Das zeigt sich darin, daß viele Menschen auch
heute noch fähig sind, die Gewürze richtig auszuwählen durch die
Sinneswahrnehmung, durch Riechen und Schmecken. Was früher
instinktives Wissen war, kann nunmehr bewußt erarbeitet werden.
Den Weg dazu wies Rudolf Steiner, als er, von der Forschungsweise
Goethes ausgehend aufzeigte, daß gesetzmäßige Zusammenhänge
bestehen zwischen Pflanze und Mensch. Diese neue Art der Pflan-
zenbetrachtung wurde inzwischen vielfältig ausgearbeitet.

Sie ermöglicht es jedermann, durch unbefangenes Beobachten allmählich die Lebensäußerungen der Pflanzen in neuartiger Weise zu
erfassen und in Geheimnisse ihres Gestaltplanes und ihrer Rhythmen
einzudringen. Die Nahrungs-, Heil- und Gewürzpflanzen weisen
Besonderheiten auf, an denen die bildenden Kräfte erlebt werden
können, die bei ihrer Entstehung tätig waren und auch auf den
Menschen wirken, wenn er sich dieser Pflanzen bedient.***

* s. Udo Renzenbrink, Ernährung unserer Kinder, Ernährung in der zweiten Lebenshälfte. (s. Literaturhinweise)
** s. S. 265, Bezugsquellen
*** s. Wilhelm Pelikan, Heilpflanzenkunde (s. Literaturhinweise)

Suppen als Vorspeise

Klare Kräuter- und Gemüsebrühen
Einlagen für Brühen
Klare Gemüsesuppen
mit Einlagen
Ungebundene Suppen
Gebundene Suppen
Suppen für Eilige

Zur Hauptmahlzeit empfiehlt sich als Einleitung und Einstimmung eine Suppe, die am besten aus einer Gemüse- oder Kräuterbrühe bereitet wird. Durch Wärme, Duft und Aroma sowie ihren Reichtum an Mineralstoffen und Vitaminen aktiviert sie den Stoffwechsel und macht ihn aufnahmebereit für die nachfolgenden Gerichte, „interessiert" den Menschen gleichsam im Stoffwechselbereich und lockt so die Verdauungskräfte und -säfte hervor.

Gemüsebrühe wirkt außerdem ohne Salz und ohne weitere Zutaten entschlackend, insbesondere nüchtern getrunken. Alle Brühen und Suppen kann man kurz vor dem Anrichten anreichern mit gehackten frischen Gartenkräutern und mit Wildkräutern.

Die Rezepte ergeben für 4 Personen etwa 700 ccm Suppe.

Der „Abfall", aus dem
die klaren Gemüse- und Kräuterbrühen
gewonnen werden, wandert üblicherweise in den Mülleimer. Verwenden wir ihn wie vorgeschlagen, lassen sich unsere kostbaren und oft auch sehr teuren biologisch-dynamischen und biologischen Gemüse und Salate sehr viel besser auswerten.

Klare Kräuter- und Gemüsesuppen
entstehen, wenn man diese Brühen anreichert mit folgenden Einlagen:

21

Gemüsemischungen, einige zartere Gemüse für sich allein, vor allem aber auch Würfel und Klößchen aus feinem Vollkornschrot als geformte Einlagen.

Ungebundene Kräuter- und Gemüsesuppen

entstehen, wenn man die Brühen anreichert mit sehr vielen fein gehackten Kräutern, Gemüseblättern, passierten bzw geriebenen Gemüsen roh oder gekocht. Sie werden durch diese Zutaten trüb.

Gebundene Kräuter- und Gemüsesuppen

entstehen, wenn man diese Brühen mit gemahlenem Getreide leicht andickt.

Viele Menschen vermeiden es, überhaupt Suppen zu essen aus Sorge vor Übergewicht. Kräuter- und Gemüsebrühen können aber sogar helfen, Übergewicht abzubauen. Auch wer Vollkorn in der Suppe verarbeitet, muß nicht befürchten, sich Rundungen anzuessen. Die Kohlenhydrate sind im Vollkorn verbunden mit Ballaststoffen, Mineralstoffen, Vitaminen sowie mit Fermenten. Sie alle tragen dazu bei, daß Abbau und Aufbau der Nährstoffe sich in einem harmonischen Verhältnis vollziehen.
Mit Weißmehlprodukten nehmen wir isolierte Kohlenhydrate auf, die den Organismus überschwemmen, ohne ihm zu ermöglichen, daß er sie auch abbaut. Folglich lagern sie sich sehr häufig ab als Depotfett und Schlackenstoffe.

Diese aromareichen Brühen und Suppen verlangen

außerdem nur sehr geringe Salzzugaben. Kochsalz aber bindet Wasser und schwemmt dadurch das Körpergewebe auf.

Alles in allem: Suppen dieser Art veranlassen den Organismus, sich auch den nachfolgenden Gerichten aktiver zuzuwenden und bekämpfen somit die weit verbreitete Trägheit des Stoffwechsels — eine Hauptursache zahlreicher Zivilisationskrankheiten — und auch des Übergewichts.

Klare Kräuter - und Gemüsebrühen aus „ Abfall "

Allgemeine Hinweise

Der Abfall, der beim Putzen von möglichst einwandfreiem Gemüse entsteht, ist so mineralstoffreich, aromatisch und dadurch so kostbar, daß man ihn unbedingt verwerten sollte.

Deshalb muß das Gemüse besonders sorgfältig gewaschen, bzw. gebürstet und von fauligen oder vergilbten Teilen befreit werden. Man kann verwenden:

Stengel und Blätter von Kohlrabi, Blumenkohl, Sellerie, Lauch, Küchenkräutern

Strünke von Salat und Kohl: äußere harte Fasern von der Wurzel her abziehen, das Innere als Suppeneinlage kochen

Wurzeln von Sellerie, Lauch, Zwiebeln, Wurzelhals von Spinat - besonders eisenhaltig -

Schalen von Sellerie, Zwiebeln, Kohlrabi, Fenchelknollen, Gurken, Kürbis; Rote Bete-Schalen wegen der Farbe extra verwerten für Rote Bete-Suppe, -Getränk, Rote Apfelspeise

Hülsen von Erbsen und Bohnen

Abgeschabtes von Möhren, Pastinaken, Petersilienwurzel

Fäden und Spitzen von grünen Bohnen und Zuckererbsen.

Diese „Abfälle" mit kaltem Wasser, etwas Salz und Gewürzen ansetzen, 20 -30 Min kochen — bis die Wurzeln weich sind— abseihen, ausdrücken.

24

Bei geringem Abfall alles von 2 – 3 Tagen sammeln, im Schraubglas verschlossen kühl aufbewahren.

Gewürze zufügen, um das Aroma zu bereichern und die Brühe aus Abfällen von Kohl, Zwiebeln und Lauch leichter verdaulich zu machen

mitkochen: Samen und Wurzeln –ganz oder gemahlen– wie Senf, Kümmel, Fenchel, Wacholder, Piment, Pfeffer –nur in ganzen Körnern–, Ingwer

nur kurz aufwallen und ziehen lassen: Stiele und Blätter von Küchenkräutern wie Thymian, Majoran, Bohnenkraut, Liebstöckel, Ysop, Lorbeer, Rosmarin usw.

Alle Stiele von Kräutern kann man grob zerschneiden, trocknen und – vor Gebrauch einige Stunden eingeweicht – zu nährenden, schmackhaften Brühen auskochen.

25

Einlagen für Brühen

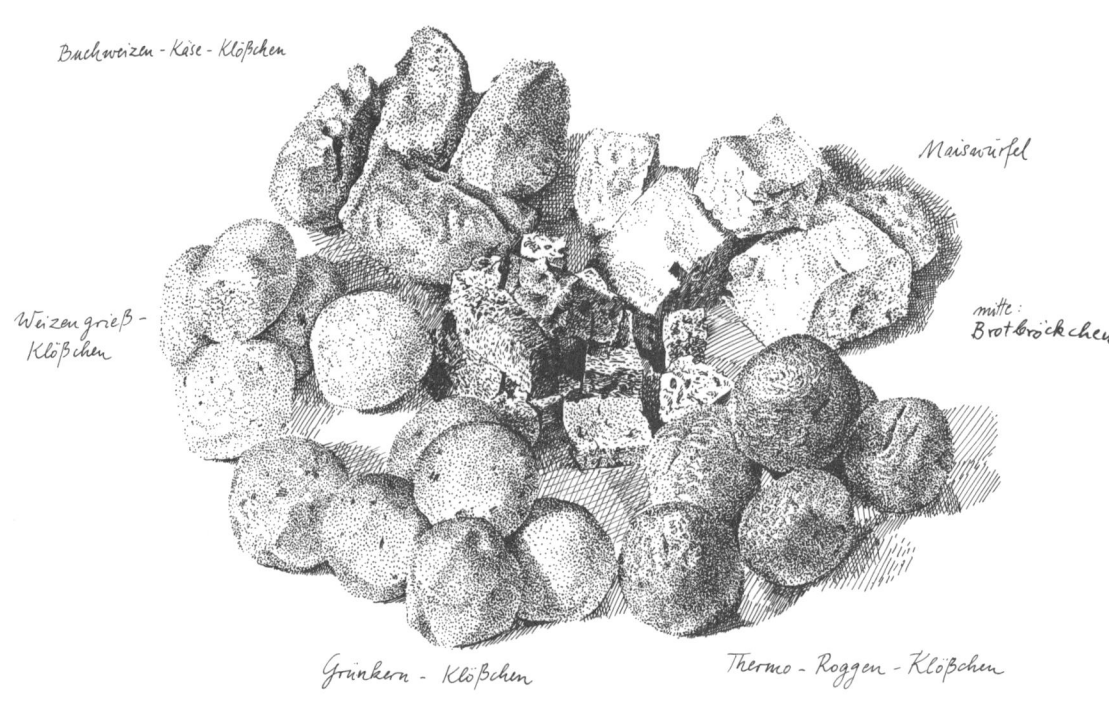

Buchweizen - Käse - Klößchen

Maiswürfel

Weizengrieß - Klößchen

mitte: Brotbröckchen

Grünkern - Klößchen

Thermo - Roggen - Klößchen

26

Gemüse-Einlagen

Grundrezept

Jede Gemüse- und Kräuterbrühe wird schon durch Zugabe von Frischgemüse — geputzt pro Person 40-50 g —
zu einer leichten, anregenden Vorsuppe.
Einige bewährte Mischungen: wahlweise

Sellerie, Pastinake, Wurzelpetersilie, Topinambur
mit Lauch bzw Zwiebel und Möhren
oder grüne Bohnen bzw Erbsen mit Möhren
oder Wirsing bzw Weißkohl mit Möhren.

Gemüse fein schneiden, in 2-3 El Öl und 2 El Wasser
andünsten, würzen, mit der Brühe auffüllen,
10 - 20 Min darin garen, abschmecken; nachwürzen,
abrunden mit Butter, Butterschmalz, Leinöl, frischen
Kräutern.
Für festliche Gelegenheiten zusätzlich: helle Suppenklößchen oder in feine Streifen geschnittene Pfannkuchen,
„Flädle".

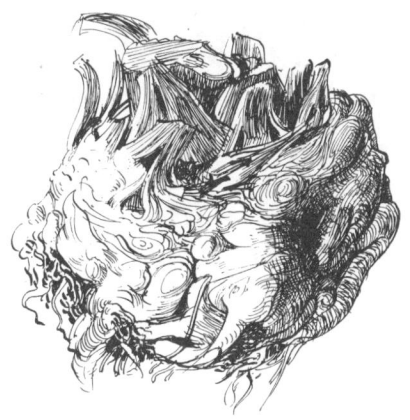

27

Knusprige Bröckchen

Grundrezept

Besonders einfach und herzhaft sind Knäckebrot und getoastetes Weizenvollkornbrot oder an der Luft gut getrocknete Würfel aus Roggen-Vollkorn- oder Vollkorn-mischbrot, die in der Vorratsdose immer griffbereit sein können.
Bröckchen aus Weizenvollkornbrot, in Butter leicht goldgelb geröstet, streut man erst beim Ausschöpfen auf die Suppe.

Bröckchen erfreuen das Auge und regen außerdem das Kauen, den Speichelfluß und damit das Verdauen an.

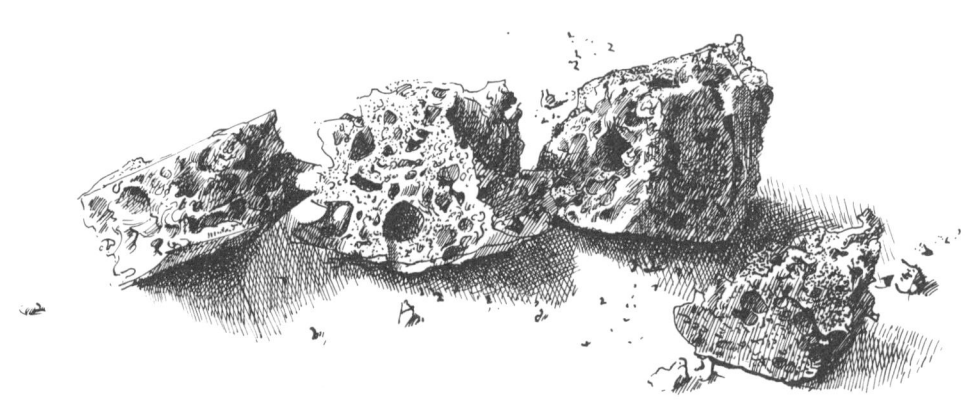

28

Weiche Würfel
aus verschiedenen Getreidearten

Grundrezept
Einen steifen Getreideschrotbrei kochen – siehe
die nachfolgenden Rezepte –, kräftig würzen,
zuletzt 10–15 g Butter zufügen, ca 1 cm dick
auf flache, abgespülte Platte streichen,
erkaltet in Würfel schneiden, in Suppenschälchen verteilen, die heiße Brühe darüber gießen,
mit frisch gehackten Kräutern überstreuen.

Weiche Würfel aus Weizenfeinschrot

– Von Weizenfeinschrot vor dem Wiegen Kleie
absieben, damit es besser bindet –
50 g Weizenfeinschrot mit Schneebesen in
300 ccm heißes Wasser einrühren, 10 Min köcheln,
würzen mit:

Mußkatnuß	Basilikum	oder/und
Majoran	Salz	oder : nur reichlich
Petersilie	–sehr fein gehackt–	und Kräutersalz

20 Min nachquellen lassen.
Abrunden mit Butter, abschmecken;
weiter siehe Grundrezept.

Weiche Würfel aus Weizen- oder Maisgrieß

50 g Grieß mit dem Schneebesen in
200 ccm heißes Wasser einrühren, 10 Min köcheln,
würzen mit:

Curry	Ingwer	Basilikum
Dill	Petersilie	Kräutersalz

20 Min nachquellen.
Abrunden mit Butter, abschmecken;
weiter siehe Grundrezept.

Weiche Würfel aus Buchweizenfeinschrot oder Buchweizenmehl

60 g Buchweizenfeinschrot mit dem Schneebesen in
370 ccm heißes Wasser einrühren,
5 Min köcheln, würzen mit:

Thymian oder Muskatnuß   reichlich Salz

20 Min nachquellen.
Abrunden mit Butter, abschmecken;
weiter siehe Grundrezept.

30

Weiche Würfel aus Hirse oder Hirsefeinschrot

50 g Hirse / Hirsefeinschrot mit dem Schneebesen in
200 ccm heißes Wasser einrühren,
10 Min köcheln, würzen mit:

 Ingwer   Koriander oder Dill
Kräutersalz

20 Min nachquellen lassen.
Abrunden mit Butter, abschmecken;
weiter siehe Grundrezept.

Weiche Würfel aus Grünkern- feinschrot

80 g Grünkernfeinschrot mit dem Schneebesen in
200 ccm heißes Wasser einrühren,
10 Min köcheln, würzen mit:

 1/4 Tl Bohnenkraut   1 Tl Basilikum
oder 1 Tl Majoran   1/3 Tl Thymian
Kräutersalz

30 Min nachquellen lassen.
Abrunden mit Butter, abschmecken;
weiter siehe Grundrezept.

Roggen

Buchweizen

Dinkel

Weizen

grünkern

Mais

Suppenklößchen
aus verschiedenen Getreidearten

Grundrezept
zum Herstellen der Klößchen.
Aus dem Klößchenteig —siehe nachfolgende
Rezepte— zuerst ein
Probeklößchen machen gut haselnußgroß,
in geölten Handflächen ohne Rillen glatt rollen.
Ist es zu fest, ein wenig feuchten Quark oder
Molke unterkneten; löst sich etwas ab, Feinschrot hinzufügen. Geschmack probieren,
evtl nachwürzen. Alle Klößchen formen, in
kochendes, gut gesalzenes Wasser legen,
keinesfalls kochen, ohne Deckel 20-30 Min
ziehen lassen, bis sie hoch kommen. Gar sind
die Klößchen erst, wenn sie innen nicht mehr
schmierig sind -gegebenenfalls länger ziehen
lassen- die Klößchen in die Suppenschälchen
verteilen, die heiße Brühe darüber gießen, mit
frisch gehackten Kräutern überstreuen.
Die angegebene Menge ergibt jeweils 20-26
Klößchen.

Klößchen aus Weizen-Vollgrieß oder Maisgrieß

40 g Butter mit
40 g Gemüse- oder Kräuterbrühe erhitzen,
80 g Grieß einrühren, bei schwacher Hitze zugedeckt
   im Wasserbad 20 Min ausquellen lassen,
   abkühlen,
20 g Quark — oder weitere 20 – 30 g Brühe —
   unterkneten, würzen mit:

Basilikum, fein verrieben   ebenso Thymian
Muskatnuß   Kräutersalz

kräftig abschmecken; weiter siehe Grundrezept.

Klößchen aus Weizen-Vollgrieß oder Maisgrieß   fettarm

50 g Grieß mit dem Schneebesen in Brühe oder
135 ccm heißes Wasser einrühren, einige Minuten bei
   schwacher Hitze unter Rühren kochen.
   Würzen mit:
   Basilikum   Thymian   Muskat fein verrieben   Kräutersalz
   20 Min zugedeckt im Wasserbad nachquellen lassen
10 g Butter zufügen, abkühlen,
25 g Doppelrahmkäse darunter kneten — ersatzweise
   25 g ziemlich trockenen Quark mit 1 Tl Öl —,
   kräftig abschmecken;
   weiter siehe Grundrezept.

34

Klößchen aus Grünkernfeinschrot oder Grünkerngrütze

80 g Grünkernfeinschrot bzw –Grütze mit dem Schneebesen in
200 ccm heißes Wasser oder Gemüsebrühe einrühren, 10 Min sachte kochen ; zum Würzen

 fein verriebene Kräuter : 1/3 Tl Bohnenkraut oder 1 Tl Basilikum 1/2 Tl Rosmarin Kräutersalz

30 Min zugedeckt im Wasserbad nachquellen lassen .

5–10 g Butter zufügen, Teig etwas abkühlen,
60 g = 1 kl Doppelrahmkäse darunterkneten
— ersatzweise 25 g trockenen Quark mit 1 Tl Öl — kräftig abschmecken ;
weiter siehe Grundrezept .

Grünkern - Klößchen

Klößchen aus gekochtem Roggen
Resteverwertung

Gekochte ganze Körner durch die feine, die 3 mm-Scheibe des „Wolfes" drehen

300 g dieser Masse kräftig würzen mit :

Salz   Thymian   Kümmel

Probeklößchen machen ; falls es nicht bindet,
1 - 2 El Quark oder 30 g Doppelrahmkäse darunterkneten , kräftig abschmecken ;
weiter siehe Grundrezept .

Klößchen aus Thermo-Roggengrütze

90 g Roggengrütze in
250 ccm Wasser einrühren ,
10 Min unter Rühren kochen ,
würzen mit :

Salz   Thymian   Kümmel

30 Min nachquellen lassen , abkühlen ,
30 g Doppelrahmkäse oder 1 - 2 El Schichtkäse
bzw trockenen Quark, mit 1 - 2 El Öl verrührt,
darunterkneten , kräftig abschmecken ;
weiter siehe Grundrezept .

36

Roggen

Klößchen aus Buchweizenfeinschrot bzw —Mehl

50 g Buchweizenfeinschrot bzw —Mehl
40 g Weizenfeinschrot — vor dem Wiegen Kleie absieben—
40 g Butter mit
50 g Gemüse- oder Kräuterbrühe erhitzen, die Schrot-
mischung hineinrühren, bei schwacher Hitze
—Wasserbad— zugedeckt 10-20 Min ausquellen
lassen, abkühlen;
40 g Quark daruntekneten, würzen mit:

 je 1/2 Tl Majoran   Basilikum, beides fein verrie-
ben   etwas Muskat   Kräutersalz

kräftig abschmecken; weiter siehe Grundrezept.

Klößchen aus Hirsefeinschrot

50 g Hirsefeinschrot in
150 ccm heißes Wasser einrühren, bei schwacher Hitze
einige Minuten unter Rühren kochen,
10 g Butter zufügen — kann auch wegbleiben —
zum Würzen

 Salz oder Selleriesalz   Liebstöckel, wenn
möglich frisch   Schnittlauch, beides sehr fein gehackt

etwas abkühlen,
20 g Doppelrahmkäse daruntekneten — ersatzweise
25 g trockenen Quark mit 1 Tl Öl angerührt —
kräftig abschmecken; weiter siehe Grundrezept.

Klößchen aus Buchweizenfeinschrot mit Käse

125 g Buchweizenmehl bzw –feinschrot etwa 2 Std
einweichen in

125 ccm Sprudel oder Wasser, zu einem weichen Teig
verrühren mit

1 El Öl

25 g Käse, gerieben –Schweizer Käse oder Gouda,
abgelagert– würzen mit :

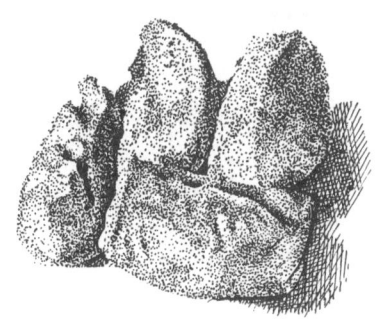 1/2 Tl Basilikum, fein verrieben,
ebenso Salbei   je 2 Mssp Kümmel
Curry   Paprika, mild   1 Pr Cayenne
Salz   nach Belieben etwas geriebene Zwiebel
bzw Zwiebelpulver oder eine Spur
Knoblauchpulver,

kräftig abschmecken, Probeklößchen mit zwei
Teelöffeln formen ; weiter siehe Grundrezept.

Sie passen besonders gut zur Brühe aus Spinat,
Brennessel , Lauch .

39

Klare Gemüsesuppen
mit Einlagen

Grüne Erbsen-Suppe
mit Suppenklößchen

Aus Hülsen von Erbsengemüse knapp 700 ccm
Brühe herstellen :
7–800 ccm Wasser kalt aufsetzen mit Hülsen und
Gewürzen :

ca 1 Tl Fenchel   1/2 Tl Anis   1 Tl Senfkörner   ganz wenig Bohnenkraut
etwas Liebstöckel   1 ganze Möhre   Salz

15–20 Min auskochen, abseihen; möglichst
einige grüne Erbsen und Petersilienstiele, fein geschnitten, in etwas Brühe garen und mit der in
Scheibchen geschnittenen Möhre zufügen.

Abrunden und abschmecken mit
Kräutersalz oder etwas Sekowa-Gemüsebrühe
und Butter, evtl einer Spur Honig. Anrichten über
Suppenklößchen aus Grieß, Hirse oder
Grünkern — siehe Rezept —
mit gehackter Petersilie bestreuen.

41

Fenchel-Suppe
mit Suppenklößchen oder weichen Würfeln

Aus „Abfall" von Fenchelgemüse knapp 700 ccm
Brühe herstellen:
7–800 ccm Wasser kalt aufsetzen mit Schalen und
Stielen der Fenchelknollen und Gewürzen:

1–2 Tl Fenchelkörner   evtl eine mittelgroße
Zwiebel   1/2 Lorbeerblatt   etwas
Muskatblüte   1/3 Tl Anis   Dill

15–20 Min auskochen, abseihen, salzen,
auf 700 ccm auffüllen.

Abrunden und Abschmecken:

Butter, evtl etwas Sekowa-Gemüsebrühe,
gehackte Fenchelblätter.
Anrichten über
Suppenklößchen oder **Weichen Würfeln**
oder **knusprigen Bröckchen**
– siehe Rezepte –.

Blumenkohl-Suppe klar
aus restlichem Kochwasser und Brühe aus Abfällen

Von den Strünken faserige Schalen abziehen, mit
Blättern in gut
700 ccm Wasser kalt aufsetzen, 20 Min kochen

1–2 Tl Senfkörner   einige Fenchelkörner 4 Wacholderbeeren ;   zuletzt zufügen, nur einmal mitkochen:
Estragon   etwas Liebstöckel   Blüten von Kamille
oder Schafgarbe

10 Min durchziehen lassen, abseihen;
soll 600 ccm Brühe ergeben.
25 g Demeter-Vollreis gesondert in
250 ccm Wasser „locker kochen", *   40–50 Min,
abseihen, abschrecken, salzen
ca 200 g Blumenkohlröschen oder/und abgezogene, in Stifte
geschnittene Strünke in etwas Brühe garkochen,
15–20 Min. Alles mischen.

Zum Würzen : Kräutersalz
möglichst frisch — notfalls gerebelt — Estragon
Zitronenmelisse   etwas Zitronenthymian
evtl Muskatnuß oder 1 Pr Cayenne   Fehlen die
einheimischen Kräuter, ist Curry geeignet

25–30 g Butter zum Abrunden ; abschmecken.

Abwandlung : Reiseinlage ersetzen durch Suppenklöß-
chen oder „Weiche Würfel" aus beliebigem Getreide.

 * In der Brühe gekocht, würde die Brühe trüb

Ungebundene Suppen

Grundrezept:

Harte Stengel und etwa die Hälfte der Blätter
—vor allem die härteren— mit knapp
700 ccm kaltem Wasser aufsetzen, 20 Min auskochen,
abseihen und ausdrücken.
Die übrigen Blätter hacken, mit der heißen Brühe
übergießen, je nach Zartheit 5 Min ziehen lassen
oder kurz aufkochen, würzen nach Rezept.

Abrunden: wahlweise mit süßer
Sahne, Doppelrahmkäse —cremig gerührt
mit etwas heißer Suppe— oder mit
frischem Leinöl.

Sauerampfer-Suppe

100-150g Sauerampfer —mit Stielen gewogen—
mild würzen:
je 1/4 Tl Anis- und Korianderkörner mitkochen
Salz
pikant würzen: etwas roh geriebene Zwiebel
eine Spur Knoblauch   Ingwer
1 Pr Cayenne   einige Tropfen Apfel- oder
Birnendicksaft   Zitronensaft   Salz.

Brennessel-Suppe

ca 90 g Brennessel — evtl 1/3 davon ersetzen durch
Giersch (Geißfuß, Podagrakraut) — nach Wunsch
etwas Zwiebel mitkochen,
würzen mit :
Petersilie   evtl Borretsch   Schnittlauch
1 Spur Knoblauch
Salz — kann auch wegbleiben —.

Spinat - Suppe

100–200 g dicke Spinatstiele — „Abfall" von Spinat —
1 kl Zwiebel hacken, mit
2 El Öl und 1 El Wasser dünsten
Brühe aus den Stielen darüber gießen,
1 Handvoll rohe Spinatblätter hacken, in die
Brühe geben, noch etwas ziehen lassen,
würzen mit :
Borretsch   Majoran   Basilikum
oder Liebstöckel   Petersilie   Schnittlauch
Kräutersalz
oder nur mit Ingwer und Kräutersalz .

Comfrey-Suppe

(Symphytum peregrinum, Beinwell)
evtl mit Brennessel mischen,
zubereiten wie Spinatsuppe .

Wildkräuter-Suppen

In einer biologisch einwandfreien Umgebung lassen sich Wildkräuter das ganze Jahr hindurch sammeln, obwohl sie im Frühjahr vor der Blüte am gehaltvollsten und zartesten sind. Für den Winter kann man sie trocknen.
Sie lassen sich durch Gartenkräuter ergänzen.

Zubereitung nach Grundrezept:

100-200g frische Wildkräuter, gemischt, von sehr aromatischen Kräutern kleinere Mengen nehmen, unbekannte bestimmen, dann kosten.
Sollte die Suppe einmal zu streng schmecken, läßt sie sich notfalls durch etwas Hafermehl in eine gebundene Suppe verwandeln.

Noch einige -nicht abgebildete-Wildkräuter:

Anis	Goldnessel	Quendel, Thymian
Bärlauch	Fingerkraut	Reiherschnabel
Bergbohnenkraut	Hederich, gelb oder weiß	Senf, gelb oder weiß
Breitwegerich	Huflattich	Taubnessel, weiße
Brunnenkresse	Malve, wilde	Wiesenkerbel
Dost, wilder Majoran	Melde	Wiesenknopf

Brombeer-, Hasel-, Schlehen-, Birkenblätter

46

wilder Kümmel

Scharbocks-kraut

Sauer-ampfer

Hungerblümchen

Vogelmiere

Spitzwegerich

Giersch

Brennessel

Löwenzahn

Frauenmantel

Wiesenschaumkraut

Kerbel-Suppe

ca 200 g Kerbel , Stiele klein schneiden — zu harte
auskochen —
1   Zwiebel, mittelgroß, fein schneiden, beides
dünsten in
2 El Öl und 2 El Wasser ; aufgießen mit gut
600 ccm Wasser , aufkochen .
Kerbelblätter fein hacken, roh hinzufügen ,
10 Min ziehen lassen , würzen mit :

Anis   Kräutersalz   etwas Muskatnuß

Tomaten - Suppe , ungekocht
auch kalt sehr erfrischend

1   kg Tomaten — gut ausgereifte — roh durch den „Wolf"
drehen; oder brühen, die Haut abziehen;   durch ein
Sieb bzw die „Flotte Lotte" passieren .   Zum Würzen :

Salz oder Kräutersalz   nach Wunsch 1-2 Zwiebeln roh daranreiben .

Abschmecken evtl mit etwas Zitronensaft und
ein wenig Honig
zum Abrunden
ca 50 g Sahne , am besten geschlagen , oder saure
Sahne ; nochmals abschmecken .
Anrichten
kalt oder warm , mit frischen , fein gehackten
Kräutern überstreut , wahlweise Petersilie ,
Schnittlauch , Basilikum , Dill .

48

Gebundene Suppen

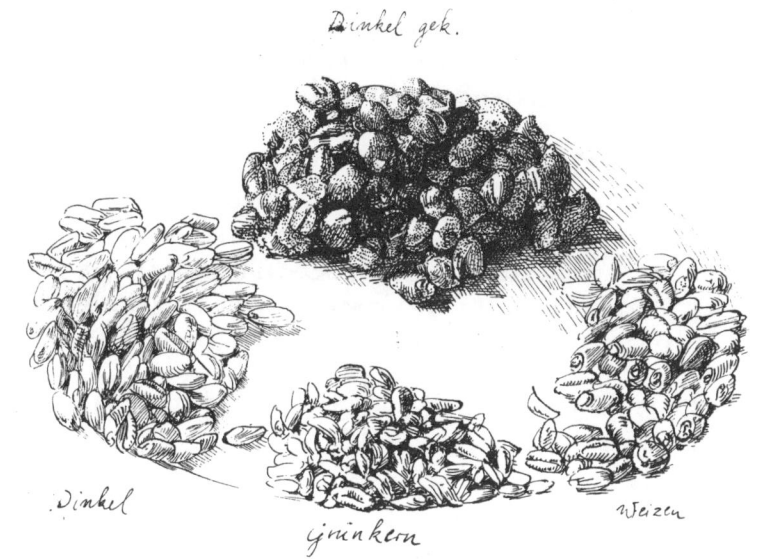

Dinkel gek.

Dinkel

Grünkern

Weizen

Gebundene Suppen

Grundrezept für 4 Personen; ergibt ca 700 ccm Suppe. Wahlweise eins der nachstehenden Getreide einweichen in
100 ccm kaltem Wasser — siehe Tabelle —
600 ccm Gemüse- oder Kräuterbrühe —ersatzweise Wasser— erhitzen, das vorgequollene Getreide mit dem Schneebesen hineinrühren, 10–20 Min sachte kochen —öfter umrühren— mindestens 30 Min nachquellen. Je länger die Nachquellzeit —bis zu 3 Stunden— um so sämiger, bekömmlicher und wohlschmeckender die Suppe.

Zur geschmacklichen Abwechslung
Schrot nicht einweichen, sondern unter ständigem Rühren bei schwacher Hitze ohne Fett leicht anrösten* mit dem Schneebesen trocken in 700 ccm Gemüsebrühe / Wasser einrühren, 10 Min kochen und mindestens 30 Min nachquellen.

Kräuter —auch Wildkräuter— **frische** hacken, sofort zufügen, 5–10 Min ziehen lassen, **getrocknete** und Samen fein vermahlen** einmal aufwallen, 10 Min durchziehen lassen.

*   entfällt bei Thermo-Getreide
**   Mörser, Drahtsieb, Kräutermühle, Hand-Kaffeemühle; Stahlmahlwerk der Schrotmühle Typ Messerschmidt.

Abrunden

wahlweise mit saurer / süßer Sahne,
Rahmkäse, Butter, frischem Leinöl, Nußöl.
Um das Ausflocken der sauren Sahne zu
verhüten, wird sie zuvor mit etwas heißer
Suppe angerührt; dasselbe gilt für Buttermilch.

Wildkräuter-Suppe
mit Dinkel- oder Gerstenfeinschrot

Vorbereitung :

30 g Dinkel- oder Gerstenfeinschrot (25 g) in
100 ccm Wasser mindestens eine, am besten 10 Std
einweichen.

Zubereitung :

300 ccm Wasser erhitzen, das Schrot einrühren, 20 Min
kochen — öfter umrühren — 1/2-2 Std nachquellen
lassen,
250 ccm Milch erhitzen (nicht über 70°), mit der Suppe
verrühren,
gut 1 Handvoll frische Wildkräuter — so vielfältig,
wie sie in der Landschaft vorkommen — fein
hacken,

zum Würzen : Wacholderbeeren
Liebstöckel   Muskatnuß   Salz

Zum Abrunden :
Butter, frisches Leinöl, süße Sahne.

Brennessel

Hafer

Brennessel-Hafer-Suppe

15–20 g feine Haferflocken oder Hafermehl in
80 ccm Wasser anrühren und ½ Std oder länger quellen
lassen.

Brühe herstellen: Von
ca 100 g Brennessel mit Stielen, ⅓ -zarte Blätter - zurücklegen. Die übrigen mit den Stielen, einigen Aniskörnern
und gut
500 ccm Wasser kalt aufsetzen, 15 Min auskochen,
abseihen, ausdrücken. Soll 500 ccm Brühe ergeben. Flocken oder Mehl hineinrühren, 10 Min
sachte kochen – öfter umrühren –, zum Würzen:

Kräutersalz Herbamare   etwas Muskatnuß
evtl eine Spur Knoblauch oder Zwiebel,
fein verrieben

½ – 1 Std nachquellen
60 ccm Milch erhitzen (nicht über 70°!). Die zurückgelegten Brennessel fein hacken, beides einrühren,
einige Minuten ziehen lassen, nicht mehr kochen.

Zum Abrunden :
15 g   Butter, 3–4 El süße Sahne ; abschmecken.

Abwandlung :
herzhafter im Geschmack : Haferflocken behutsam fettlos anrösten ; ohne Einweichen in
580 ccm Brühe einstreuen.

55

Sauerampfer-Suppe
mit Gerstenschrot
Vorbereitung:

35 g Gerstenfeinschrot einweichen in
80 ccm Wasser —mindestens eine, am besten 10 Std—

Zubereitung   Brühe herstellen:

80-100 g Sauerampfer mit Stielen. ⅓ —zarte Blätter—
zurücklegen. Die übrigen mit den Stielen, einigen
Aniskörnern und gut
500 ccm Wasser kalt aufsetzen, 10 Min auskochen,
abseihen, ausdrücken; soll 500 ccm Brühe ergeben. Das eingeweichte Schrot hineinrühren, 20 Min
sachte kochen —öfter umrühren— 1/2 - 2 Std
nachquellen.
60 ccm Buttermilch mit etwas heißer Suppe anrühren,
zufügen, danach die zurückgelegten feingehackten
Sauerampferblätter.   Zum Würzen:

Salz _ etwas Koriander   Anis   1 Spur Honig
evtl Zitronensaft   5-10 Min ziehen lassen.

Zum Abrunden

3-4 El saure Sahne,   15 g Butter;   abschmecken.

Sauerampfersuppe mit Haferflocken oder Hafermehl

15-20 g feine Haferflocken 1/2 Std einweichen in
80 ccm Wasser ; Hafermehl nur anrühren.
Zubereitung wie Sauerampfersuppe mit
Gerstenschrot.

56

Kerbel-Suppe

Vorbereitung:

30 g Weizen – oder 35 g Gerstenfeinschrot mindestens eine, am besten 10 Std einweichen in 100 ccm Wasser.

Zubereitung:

250 ccm Wasser erhitzen, Schrot hineinrühren, 20 Min sachte kochen, – öfter umrühren – würzen mit:

Salz   1/3 Tl Anis   1/3 Tl Fenchel
etwas Muskatnuß

1/2 – 2 Std nachquellen
100 g Kerbel, davon zuerst nur die Stiele feinschneiden und in der Suppe 10 Min ziehen lassen,
300 ccm Milch erhitzen (nicht über 70°!) zufügen, dann erst das gehackte Kerbelkraut hineinrühren.

Zum Abrunden:

3 El süße Sahne, 10 g Butter, abschmecken.

Fenchel-Buttermilch-Suppe

aus Abfall von Fenchelgerichten .
Besonders schmackhaft auch mit Thermo-Weizen-
oder Gerstenfeinschrot ; dabei entfällt das Einweichen und man nimmt 600 ccm Wasser .

Vorbereitung:

30 g Weizenfeinschrot mindestens eine, am besten
10 Std in
100 ccm Wasser einweichen

Zubereitung Brühe herstellen:

Schalen , Stengel und Kraut von Fenchelknollen
(frisch oder getrocknet) in reichlich
500 ccm Wasser kalt aufsetzen mit Gewürzen:

1 Tl Fenchel   ¼ Tl Aniskörner

20 Min auskochen , abseihen ; soll 500 ccm
Brühe ergeben. Das Schrot hineinrühren ,
20 Min sachte kochen —öfter umrühren—
½ – 2 Std nachquellen ,
100 ccm Buttermilch mit etwas heißer Suppe anrühren ,
dazugeben ,   nachwürzen mit

Salz   gem Fenchel   1 Mssp
Muskatblüte   evtl 1 Pr Cayenne
—Vorsicht, soll nicht scharf schmecken! —
evtl eine Spur Apfeldicksaft oder Honig

Zum Abrunden:

20 g Butter oder 2 El süße Sahne ; abschmecken.

Grüne Bohnen-Suppe
mit Buchweizen

200 g grüne Bohnen abziehen, sehr fein schneiden
1 kl Zwiebel schälen,

Brühe kochen:
Fäden, Spitzen, harte Schalen, Bohnenkraut,
Zwiebelschalen in
ca 600 ccm Wasser kalt aufsetzen, 20 Min auskochen,
abseihen. Zwiebel sehr fein schneiden, mit
2 El Öl und etwas Brühe zugedeckt andünsten, nach
kurzer Zeit die Bohnen zufügen, mitdünsten,
nach etwa 10 Min mit ca 600 ccm Brühe
auffüllen.
20 g Buchweizengrütze oder –mehl ohne Fett in der Pfanne bei schwacher Hitze unter Rühren leicht rösten, in
die Brühe hineinrühren, 10 Min sachte kochen,
– öfter umrühren –, würzen mit:

Bohnenkraut   Majoran   Basilikum
Kräutersalz Herbamare

20 Min nachquellen

Zum Abrunden:
3 El saure Sahne, abschmecken, anrichten mit
gehackter frischer Petersilie oder Schnittlauch.

Bohnenkraut-Hafer-Suppe

25-30g feine Haferflocken oder Hafermehl mit
80 ccm Wasser anrühren und ½ Std oder länger
quellen lassen.
600 ccm Wasser oder Gemüsebrühe erhitzen, Flocken
oder Mehl hineinrühren, 10 Min sachte
kochen — öfter umrühren — zum Würzen:

Kräutersalz Herbamare   reichlich frisches
Bohnenkraut, getrocknetes etwas vorsichtiger

½ —1 Std quellen lassen.

Zum Abrunden :

2 El süße oder saure Sahne ; 10 g Butter;
abschmecken.

Grünkernschrot-Suppe

1 kl Zwiebel fein schneiden, andünsten mit
2 El Öl und etwas Wasser, auffüllen mit
600 ccm Wasser oder Gemüsebrühe, erhitzen,
25-30 g Grünkernschrot einweichen oder direkt in die Brühe
     rühren, 30 Min sachte kochen —öfter umrühren—
     würzen mit

Kräutersalz Herbamare   Basilikum
Majoran   etwas Bohnenkraut
evtl 2 Mssp Muskatnuß

30 Min nachquellen
Zum Abrunden:
3 El süße Sahne oder 20 g Butter; abschmecken.

61

Hirsewasser-Gemüse-Suppe

Verwendung für sämiges Hirsewasser vom Gericht
„Hirse locker kochen", s. S. 152

160 g Suppengemüse fein schneiden, in
2 El Öl wenden und mit etwas Hirsewasser fast gar dünsten, mit Hirsewasser auffüllen auf gut
600 ccm Suppe.

Zum Würzen : Selleriesalz   Salz
reichlich Liebstöckel, am besten frisch
Petersilie   evtl etwas verriebenen Knoblauch

Zum Abrunden :
20 g Butter ;   abschmecken .

Wünscht man die Suppe dick, dünstet man
das Gemüse nur kurz an, fügt 10-15 g Hirsefeinschrot oder Hirse hinzu, füllt auf, kocht 20 Min,
würzt, rundet ab .

62

Sellerie - Gerstenschrot-Suppe

Vorbereitung:

25 g Gerstenschrot mindestens eine, am besten 10 Std in
100 ccm Wasser einweichen.

Zubereitung:

ca 300 g Sellerie gründlich bürsten, Wurzeln, Schalen, Stengel 30 Min auskochen und abseihen zur Gemüsebrühe, die man für andere Suppen verwenden kann, da Sellerie allein schon genug Würzkraft hat.
Sellerie in feine Stifte schneiden, zugedeckt andünsten mit

2 El Öl und etwas Wasser oder Brühe, auffüllen mit
500 ccm Wasser bzw Brühe,
Schrot einrühren, 30 Min sachte kochen – öfter umrühren – würzen, 1/2 – 3 Std nachquellen.

Würzen: mit Selleriesalz   Salz
etwas Anis   Fenchel   1 Pr Muskatnuß

Zum Abrunden:

2 El süße Sahne, 10g Butter, Sellerieblätter fein hacken und zuletzt darüber streuen; abschmecken.

63

Salat-Suppe
Verwendung von geschossenem Salat

Vorbereitung:
25 g Gersten – oder 30g Weizenfeinschrot mindestens
eine, am besten 10 Std in
100 ccm Wasser einweichen.

Zubereitung Brühe herstellen:
Salatstrünke schälen, dh von der Wurzel her abziehen,
einige zarte Blätter zurücklegen; restliche Blätter, Schalen

und Gewürze : 1/3 Tl Anis   1/3 Tl Fenchel
1 Lorbeerblatt   7 Wacholderbeeren   mit

500 ccm Wasser kalt aufsetzen, 20 Min auskochen, abseihen,
ergibt 450 ccm Brühe. Das eingeweichte Schrot hineinrühren, 20 Min sachte kochen, – öfter umrühren –
1/2 – 2 Std nachquellen.
1   gute Handvoll geschälte, feingeschnittene Strünke in
1–2 El Öl und etwas Brühe andünsten, in der Suppe ziehen
lassen,
150 ccm Milch erhitzen (nicht über 70°!), zur Suppe geben,
sowie die fein geschnittenen zarten Salatblätter;

zum Würzen: Kräutersalz Herbamare   2 Mssp
Muskatnuß   1/2 Tl Dillspitzen   1/2 Tl Basilikum
fein gehackte Petersilie   oder Schnittlauch

Zum Abrunden:
3 El süße Sahne   oder/und 30g Rahmkäse, verrührt
mit etwas Suppe; abschmecken.
Wer die milde Suppe schärfer liebt, fügt 1 Pr Cayenne und
etwas zerriebenen Knoblauch hinzu.

64

Löwenzahn-Suppe

entsprechend herstellen :

Brühe kochen aus derben Blättern, evtl auch Wurzeln, zarte Blätter frisch gehackt zuletzt hinzufügen, abrunden, abschmecken.

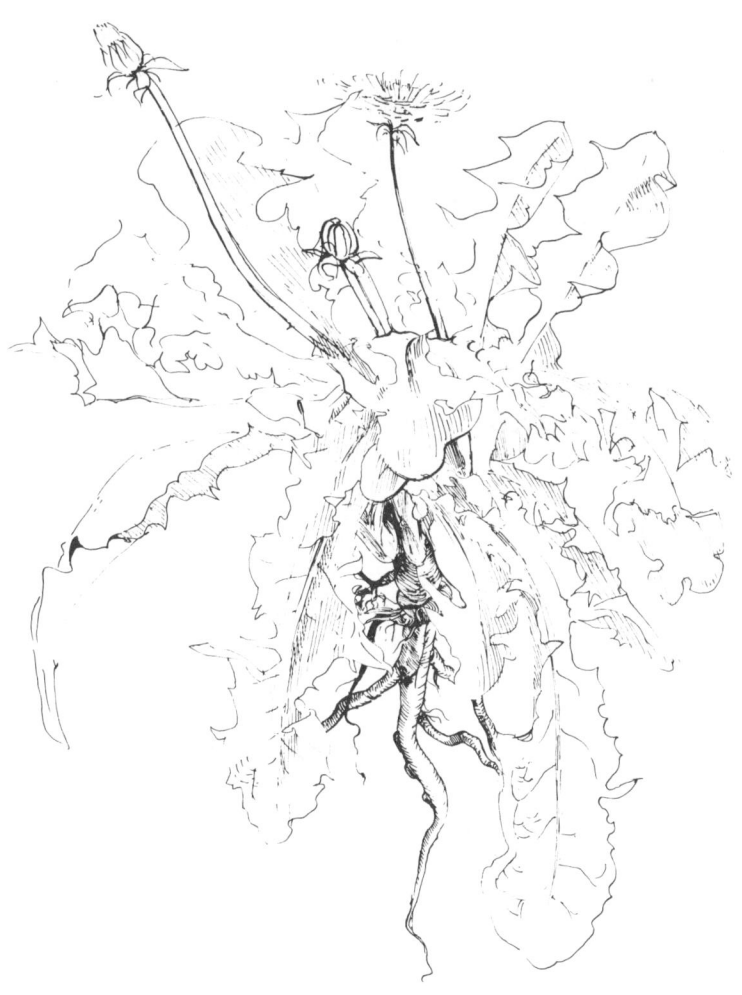

Thymian-Gerstenschrot-Suppe

Vorbereitung:

30 - 35 g Gerstenschrot mindestens eine, am besten 10 Std in
200 ccm Wasser einweichen.

Zubereitung:

500 ccm Wasser oder Gemüsebrühe erhitzen, das Schrot einrühren, 30 Min sachte kochen — öfter umrühren — würzen, 1/2 - 3 Std nachquellen.

Würzen: mit Salz   reichlich
Thymian frisch oder getrocknet

Zum Abrunden:

3 El süße Sahne, 20g Butter; abschmecken.

Sauerkraut-Suppe

mit Buchweizen

Brühe   herstellen als Suppengrundlage:

Gewürze : 1/2 Tl Senfkörner
6 Wacholderbeeren   1/2 Tl Kümmel
etwas Estragon   etwas Salbei   mit

400 ccm Wasser kalt aufsetzen
ca 15 Min auskochen, absieben.
 30 g Buchweizenfeinschrot bzw -mehl mit
100 ccm Wasser anrühren, mit Schneebesen in die Brü-
      he hineinrühren, 10 Min sachte kochen — öfter
      umrühren — 20 Min nachquellen,
ca 80 g Sauerkraut fein schneiden, mit
100 ccm Sauerkrautsaft erst zuletzt zur Suppe geben,
      nicht mehr kochen.

Würzen   mit den vorher angegebenen Ge-
würzen, aber gemahlen, bzw fein verrieben,
evtl noch etwas Dill   1 Pr Cayenne
geriebene Zwiebel oder Knoblauch   Kräutersalz   Herbamare

Zum Abrunden:
 20 g Butter oder 2-3 El süße Sahne;
      abschmecken. Zu starke Säure evtl mit etwas
      Apfelsaft mildern.

Blumenkohl-Suppe
mit Hirsefeinschrot

aus restlichem Kochwasser und Brühe aus Abfällen
oder verkümmertem Blumenkohl.
Brühe herstellen: vom Strunk abgezogene
faserige Schalen — Mark als Gemüse oder Suppeneinlage verwenden — und Blätter in gut
700 ccm Wasser kalt aufsetzen, 20 Min kochen mit:

2 Tl Senf-   1/2 Tl Fenchel-   1/4 Tl Aniskörnern
6 Wacholderbeeren;   nochmals aufkochen mit:

Estragon   Zitronenthymian   Blüten
von Kamille oder Schafgarbe

10 Min durchziehen lassen, abseihen; soll 600 ccm
Brühe ergeben;
25 g   Hirsefeinschrot mit 1/2 Tasse kaltem Wasser anrühren, in die kochende Brühe einlaufen lassen,
10 Min kochen, öfter umrühren;

zum **Würzen:** Estragon   Curry oder Muskatnuß   einige Tropfen Zitronensaft oder Molkosan
eine Spur Honig   Salz

20 Min nachquellen Eventuell vorhandene Reste von
Blumenkohlgemüse zufügen.

Zum Abrunden:
ca 80 g Sahne, süß oder sauer — mit geschlagener besonders fein —   etwas Butter, abschmecken.

Abwandlung:

mit dem goldgelben Hirsefeinschrot sieht die
Suppe zwar besonders ansprechend aus, sehr
gut ist sie aber auch mit **Hafermehl**, bzw ver-
riebenen **Haferflocken**, mit **Weizen** - oder
Gerstenfeinschrot.
Mengenangabe siehe Tabelle .

Tomaten-Suppe
mit Gersten- oder Weizenfeinschrot

Brühe herstellen :
700 ccm Wasser kalt aufsetzen, 20 Min kochen mit :

6 Wacholderbeeren   1 Lorbeerblatt   3 Nelken
1/3 Tl Korianderkörner   Schalen von 3-4 Zwiebeln.
Zuletzt zufügen, nur einmal aufkochen: Majoran
Thymian   Basilikum   Estragon

10 Min durch ziehen lassen, abseihen; soll
600 ccm Brühe ergeben.

2-3 Zwiebeln, mittelgroß und Petersilienstiele fein
schneiden, dünsten in

2-3 El Öl und 1 El Brühe, mit der Brühe auffüllen.

35 g Gersten - oder 50 g Weizenfeinschrot unter
Rühren in einer Pfanne leicht rösten, in die
kochende Brühe einrühren, 30 Min sachte
kochen. — öfter umrühren —

500 g Tomaten kurz in kochendes Wasser legen, ab-
häuten, durch Sieb oder Wolf passieren, roh zufügen, nicht mehr kochen; zum Würzen

Kräutersalz Herbamare   Basilikum
Dill   evtl eine Spur Honig   Zitronensaft
oder Molkosan   etwas Knoblauchpulver
evtl 1 Pr Cayenne, Schnittlauch, Petersilie.

100 g Sahne schlagen, unterziehen, abschmecken.

Abwandlung I

Schrot nicht rösten, sondern 1 - 3 Std einweichen. Oder anstelle von Schrot feine Haferflocken
entweder im Drahtsieb verreiben oder mindestens
½ Std einweichen. Entsprechend weniger Wasser
für die Brühe verwenden.

Abwandlung II

als Einlage 80g gekochten Demeter-Reis
— evtl Resteverwertung — statt Sahne 100g
mehr Brühe herstellen, mit Butter abrunden.

Abwandlung III

besonders mild: Nur 400 ccm Brühe
herstellen, das Schrot 30 Min darin kochen,
300 ccm Milch erhitzen —möglichst nicht
über 70°— zufügen, danach die passierten Tomaten. Abrunden mit Butter.

Gurken-Suppe
mit Weizenfeinschrot
Verwendung von Abfall auch
anderer Gurkengerichte

Vorbereitung :
30 g Weizenfeinschrot mindestens
eine, am besten 10 Std in
100 ccm Wasser einweichen .

Zubereitung   Brühe herstellen :
Gurkenschalen, -kerne und weiche Teile 15 - 20 Min
auskochen in gut
500 ccm Wasser   mit Gewürzen :

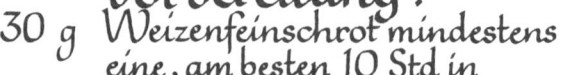

1/3 Tl Fenchelkörner   1 gr Mssp Ysop   1 Tl Estragon
1 Tl Dill   1 Tl Basilikum

abseihen ; soll 500 ccm Brühe ergeben. Das Schrot einrühren, 30 Min sachte kochen — öfter umrühren —
1/2 - 2 Std nachquellen .
150 g geschälte Gurken in kleine Würfel schneiden, mit
2 El Öl und etwas Brühe oder Wasser dünsten, nachwürzen :

Kräutersalz   Dill   Estragon   fein geschnittene Petersilienstiele   Basilikum   evtl 1 Pr Cayenne

zur Suppe geben, 10 Min darin ziehen lassen .

Zum Abrunden
3 - 4 El saure Sahne, evtl etwas Buttermilch, - beides zuvor mit ein
wenig heißer Suppe anrühren — evtl mit einigen Tropfen
Molkosan leicht säuern, abschmecken .

Anrichten mit Petersilie oder Schnittlauch überstreut.

Basilikum

Kürbis-Suppe herzhaft, pikant

mit Weizen- bzw Gerstenfeinschrot
— Verwendung von Abfall auch anderer Kürbisgerichte —

Vorbereitung:
25 g Gersten- oder 30 g Weizenfeinschrot mindestens
    eine, am besten 10 Std in
100 ccm Wasser einweichen.

Zubereitung   Brühe herstellen:
Kürbisschalen, -kerne, weiche Teile, 15 - 20 Min
    auskochen in gut
500 ccm Wasser mit Gewürzen:

Ingwerwurzel geschabt   1 Stck Zimtstange
je ¼ Tl Anis- und Korianderkörner   2 Nelken
1 kl Lorbeerblatt   etwas Zitronenschale

abseihen ; soll 500 ccm Brühe ergeben.
Das eingeweichte Schrot hineinquirlen, 30 Min sachte
kochen — öfter umrühren — 1/2 - 2 Std nachquellen
 1 kl Zwiebel klein schneiden,
1-2   Tomaten oder 1 sauren Apfel   }
 1 kl rote Paprikaschote   } klein schneiden, in
 2 El Öl und 1 El Wasser andünsten , zur Suppe
    geben , kurz aufkochen ,
2-300 g Kürbisfleisch roh sehr fein hineinreiben .

Würzen mit:

Kräutersalz   Mango-Shutney (= sauer-süß),
ersatzweise Molkosan oder Zitronensaft mit Honig
oder Apfeldicksaft   ca 1/4 Tl Koriander, gemahlen
1/2 – 1 Tl Ingwer, frisch gerieben
je 1 Pr Nelke   Piment   Muskatblüte   etwas
Knoblauch, frisch gepreßt, verrieben oder als Pulver
10 – 20 Min ziehen lassen.

Zum Abrunden:
3–4 El saure oder süße Sahne, abschmecken.

Anrichten mit knusprigen Bröckchen.

Abwandlung
Kürbissuppe mild und voll für Kinder und Magenempfindliche

Zubereitung wie vorher „Kürbis-Suppe
herzhaft" aber binden mit
20 g Hafermehl — besonders schmackhaft von leichtge-
darrtem Hafer — angerührt mit
1/2 Tasse Wasser oder kalter Brühe.

Zum Würzen: die starken ausländischen
Gewürze reduzieren, mehr Anis und Fenchel
verwenden.

Zum Abrunden:
4 El süße Sahne.
Anrichten mit knusprigen Bröckchen.

75

Brot-Suppe herzhaft

Vorbereitung

70-120 g Vollkornbrotreste —hart getrocknet— einige Stunden in
1 Ltr Wasser einweichen mit folgenden Gewürzen :

ca 1 Tl Senfkörner   1/2 Tl Thymian
1 Tl Kümmel gem.   1/2 Tl Koriander gem.

Zubereitung

Wenn alles durchweicht ist, zerstampfen oder mit der Hand fest ausdrücken und zerkrümeln, abseihen und mit dem Einweichwasser eine Brühe herstellen :

90 g Lauch —ersatzweise Zwiebeln — kleinschneiden, in
30 g Butterschmalz oder Öl mit etwas Einweichwasser zugedeckt 15 Min dünsten, mit restlichem Einweichwasser auffüllen .
Brot und Gewürze zufügen :

12 Wacholderbeeren   2 Lorbeerblätter

10 Min kochen — öfter umrühren —

Nachwürzen mit den zuerst angeführten
Gewürzen und Kräutersalz evtl Knoblauch.

Abrunden mit Sahne.
Zum Anrichten überstreuen wahlweise mit
gehackten frischen Kräutern :

Sellerieblätter, Liebstöckel, Brennessel oder andere Wildkräuter; gut auch mit geriebenem Käse.

Abwandlung I

Hat man keine trocknen Brotreste, „hobelt" man dünne „Späne" von Vollkorn- oder Graubrot, übergießt sie kurz vor dem Anrichten mit kochender Lauch-Gewürzbrühe und rundet mit Butter oder frischem Leinöl ab, damit die Suppe klar bleibt.
Abschmecken, anrichten wie zuvor.

Abwandlung II

Altbackenes, noch nicht hartes Brot in kleine Würfel schneiden, mit Butterschmalz und Zwiebeln oder Lauch leicht rösten —ca 20 Min— mit Brühe und Gewürzen kurz aufkochen, 10 Min ziehen lassen,
abschmecken, anrichten wie zuvor.

Roggen-Kümmel-Suppe

sämig-mild

Vorbereitung:

35-40g Roggenfeinschrot mindestens eine, am besten 10 Std in
100 ccm Wasser einweichen.

Zubereitung Brühe herstellen:

500 ccm Wasser kalt aufsetzen mit

Gewürzen: 1 mittelgroßes Lorbeerblatt
6 Wacholderbeeren   evtl eine Zwiebel
10 Min auskochen, abseihen;

das eingeweichte Schrot hineinrühren, 30-40 Min
sachte kochen — öfter umrühren — würzen,

2 geh Tl Kümmel   1/4 Tl Koriander
1/2 Tl Fenchel — alles gemahlen —
1/4 Tl Thymian   Salz

1 – 2 Std nachquellen
50-60 ccm Buttermilch hinzufügen —vorher mit etwas
heißer Suppe anrühren.

Zum Abrunden:

3-4 El Sahne, süße oder saure, 10 g Butter;
abschmecken.

Roggen-Kümmel-Suppe
kräftig-herzhaft

2–3 Tl Kümmelkörner ohne Fett in der Pfanne leicht
rösten ✳. Dann die Körner 2mal nachein-
ander auskochen : mit jeweils gut 250 ccm
kaltem Wasser, 1 kl Lorbeerblatt, 7 Wacholderbeeren, aufsetzen, 15 Min kochen,
abseihen; soll insgesamt
500 ccm Brühe ergeben.
35 g Roggenfeinschrot ohne Fett leicht rösten✳✳ in
150 ccm Wasser anrühren, mit Schneebesen in die kochende Brühe einrühren, mit Gewürzen 20–30 Min
sachte kochen, — öfter umrühren — möglichst
1–2 Std nachquellen.

Gewürze : ¼ Tl Thymian   evtl
100 g Lauch sehr fein geschnitten
1 Tl Linusit oder Leinsamen, frisch gemahlen
nach 30 Min Kochzeit salzen.

Zum Abrunden :
4 El süße oder saure Sahne —sauce vorher mit etwas
heißer Suppe anrühren— evtl etwas Butter
oder frisches Leinöl; abschmecken.

✳ Andere, mildere Art ohne Rösten : Kümmel über Nacht
mit etwas kaltem Wasser einweichen.

✳✳ Man kann auch Thermomehl verwenden, dann entfällt
das Rösten.

Rote Bete-Roggen-Suppe
sehr pikant
Aus „Abfall" oder Kochwasser von anderen Rote Bete-Gerichten

Vorbereitung:
30 g Roggenfeinschrot mindestens eine, am besten 10 Std in 100 ccm Wasser einweichen.

Zubereitung, Brühe herstellen:
Schalen, Wurzeln, Stengel von Rote Bete, etwas Sellerie- und Apfelschalen, Lauchwurzeln oder -blätter und

Gewürze: 1 Lorbeerblatt   1/2 Tl Anis
3/4 Tl Kümmel   1/4 Tl Korianderkörner
2 Nelken   2 Pimentkörner   mit
700 ccm Wasser bzw Rote Bete-Kochwasser aufsetzen, 30 Min auskochen, abseihen; soll 500 ccm Brühe ergeben; das eingeweichte Schrot hineinrühren, 20 Min sachte kochen — öfter umrühren — würzen, möglichst 1-3 Std nachquellen.

Würzen: mit den vorher angegebenen Gewürzen, aber gemahlen, etwas Selleriesalz
pikant leicht säuerlich süß abschmecken mit Sauerkrautsaft oder Molkosan   etwas Honig oder Apfeldicksaft   etwas geriebenem Meerrettich
1 Pr Muskatblüte oder Cayenne, Salz.

Zum Abrunden:
30 g Rahmkäse oder Sahne anrühren, abschmecken.

Aufwerten, besonders wenn wenig Schalen für die
Brühe oder nur Kochwasser von Rote Bete verfügbar waren:
1 kl Rote Bete, roh, sehr fein in Sauerkrautsaft oder verdünntes Molkosan reiben, darin mindesten 30 Min ziehen lassen, zuletzt zur Suppe geben, nicht mehr kochen, abschmecken.

Buchweizen - Suppe
herzhaft

20-25 g Buchweizengrütze oder —schrot ohne Fett in der
  Pfanne bei schwacher Hitze unter Rühren leicht
  rösten .
1-2 kl Zwiebel oder 1 Lauchstange sehr fein schneiden,
  mit
  2 El Öl und 2 El Wasser zugedeckt andünsten ,
  mit gut
650 ccm Wasser oder Gemüsebrühe auffüllen, Buchweizen
  hineinrühren, 10 Min sachte kochen — öfter umrühren— 20 Min nachquellen .

Zum Würzen : Kräutersalz Herbamare
Liebstöckel , frisch gehackt oder getrocknet
reichlich Petersilienstiele , fein geschnitten
abschmecken .

Zum Abrunden und Anrichten
  20 g Butter und reichlich gehackte Petersilie .

Curry-Suppe
mit Hirsefeinschrot und Äpfeln

ca 60 g Zwiebeln sehr fein schneiden oder reiben, mit
3 El Öl und 3 El Wasser 5 Min zugedeckt dünsten,
400 ccm Wasser zugeben, aufkochen
25 g Hirsefeinschrot mit
150 ccm Wasser anrühren, in das Zwiebel-Wasser
einrühren, würzen mit

1½ Tl Curry   ⅓ Tl Ingwer, frisch gerieben
1 Lorbeerblatt   ⅓ Tl Anis   1 Pr Piment
Salz

20 Min sachte kochen.
100 g Äpfel –säuerliche– schälen, in feine Scheibchen schneiden, –zartschalige evtl ungeschält
verwenden– in der Suppe 5 - 10 Min bei mäßi-
ger Hitze garziehen lassen.
200 ccm Milch auf 50-60° erhitzen und zufügen
–Näheres hierüber s S 170 – einige Minuten
ziehen lassen, dabei nicht über 70° erhitzen.

Zum Abrunden
und Abschmecken
4 El süße Sahne, ca ½ Tl
Zitronensaft, etwas
Apfeldicksaft eine Spur
Honig oder Demeter-
Rübensirup.

82

Abwandlung

40-45 g **Reis**feinschrot oder 35-40 g **Mais**feinschrot,
aber jeweils mindestens eine, besser 10 Std in
150 ccm Wasser einweichen. Weiter wie vorher.
Beide Getreide werden durch Curry und Ingwer
gut ergänzt.

Majoran-Suppe
mit Gerste und Äpfeln

wie Currysuppe, aber
20-30 g Gerste mindestens eine, besser 10 Std in
150 ccm Wasser einweichen, jedoch würzen mit

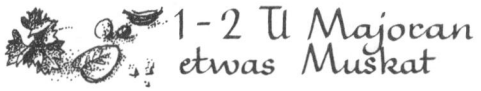

1-2 Tl Majoran   1/3 Tl Thymian
etwas Muskat   Salz

83

Ingwer-Suppe
feurig und wärmend

50 g Zwiebeln sehr fein schneiden
oder reiben

120 g Äpfel —möglichst Boskop—
klein schneiden , in

3 El Öl und 3 El Wasser
5 Min zugedeckt dünsten

500 ccm Wasser auffüllen; wenn es kocht ,

25 g Hirsefeinschrot mit 3 El Wasser anrühren ,
einlaufen lassen und 1/2 Std sachte darin kochen ,
danach

150 ccm Milch auf 50-60° erhitzen und zufügen
—Näheres hierüber s S 170 — einige Minuten
ziehen lassen, dabei nicht über 70° erhitzen .

Salz   1-2 1/2 Tl Ingwer frisch gerieben   1/2 Tl Anis
1/2 Tl Koriander   1/4 Tl Muskatnuß

Zum Abrunden und Abschmecken
etwas Apfeldicksaft ,

3-4 El Sahne —evtl Schlagsahne— eine Spur Honig
und Zitronensaft :

Die Suppe ist so recht geeignet für Grippewetter
und bei Infektgefahr. Es ist günstig, als Ergänzung
Sauerkrautrohkost . Rote Bete roh oder gekocht ,
sowie Hirsegerichte zu der Mahlzeit zu
reichen .

Einbrennsuppe geröstete Grießsuppe

auch gut aus abgesiebtem Roggen-, Weizen- oder Gerstenschrot.

75-80 g Demeter-Grieß unter ständigem Rühren haselnuß-
braun rösten in Eisen- oder Chromargantopf,
1 gr Zwiebel klein schneiden, zuletzt kurz mitrösten
800 ccm Gemüsebrühe — kalt oder heiß — zugießen, 15 Min
sachte kochen, salzen, würzen, ziehen lassen,

Liebstöckel   Thymian   Schnittlauch   Petersilie

30 g Butter oder Leinöl zufügen, abschmecken.

Thermo-Roggenmehl-Suppe

50 g Thermo-Roggenmehl mit 1½ Tassen kaltem Wasser anrühren;
150 g Lauch längs und quer fein schneiden, mit
3 El Öl und ½ Tasse Wasser 5 Min dünsten
600 ccm kaltes Wasser und folgende Gewürze zufügen:

1 gr Lorbeerblatt   7 Wacholderbeeren 1½ Tl Koriander
½ Tl Kümmel je 1 Tl Liebstöckel und Thymian, alles gemahlen

5 Min auskochen, dann das Thermomehl 5 Min sachte
darin kochen, möglichst 30 Min oder länger nachquellen lassen.
Abrunden und abschmecken: nach Wunsch etw. Knoblauch
50 g Butter oder Sahne, bzw 50 g Doppelrahmkäse angerührt,
Kräutersalz, evtl Sekowa-Gemüsebrühe.

85

Suppe für Eilige gebunden

750 ccm Wasser —5 Tassen— erhitzen.
40 g Hafermehl ** mit dem Schneebesen einrühren,
5-10 Min sachte kochen, etwas nachquellen.*
5 geh Tl Sekowa-Gemüsebrühe mit etwas kaltem Wasser
anrühren
4-6 El Sahne zufügen, beides in die Suppe rühren, nicht
mehr kochen, abschmecken mit Kräutersalz, Petersilie.

Abwandlung: 4-6 El Tomatenmark —zB von Eden—
zufügen, abschmecken mit Liebstöckel, Basilikum,
Knoblauchpulver.

Suppe für Eilige klar

wahlweise mit Demeter -Roggen-, Weizen-, Gerstenflocken

800 ccm kaltes Wasser —5 Tassen strichvoll— mit
60-80 g Flocken —4-6 geh El— aufkochen, 5-10 Min
quellen lassen *
4 geh Tl Sekowa-Gemüsebrühe mit etwas kaltem Wasser
anrühren, kurz vor dem Verzehr zufügen, nicht
über 50-60° erhitzen.
Anreichern, bzw geschmacklich verändern mit
2-4 El Leinöl oder 40-50 g Butter
2 Tomaten, klein geschnitten, frische Garten -oder Wildkräuter.

* Evtl Flocken bzw Hafermehl im vorgewärmten Thermosgefäß überbrühen,
an den Arbeitsplatz mitnehmen, dort kurz vor dem Essen fertigstellen.
** oder aus dem Vorrat: Haferflocken, fein verrieben im groben Draht-
sieb bzw im Stahlmahlwerk der Schrotmühle „Messerschmidt".

86

Petersilie

Suppen als Hauptgericht

Eintopfgerichte

Der Eintopf

Der Eintopf ist als sättigende dicke Suppe —im Gegensatz zur leichten Vorsuppe— das Hauptgericht einer Mahlzeit, dem ein süßer Nachtisch folgt.
Man wählt für den Eintopf verschiedene Gemüse, die sich gut ergänzen, dazu manchmal auch Obst, vor allem aber Getreide —ganze Körner oder Grütze— oder mehlige Kartoffeln.*

* Auf Rezepte mit Kartoffeln wurde verzichtet, da es hier darum geht, dem Getreide wieder den ihm gebührenden Rang in unserer Ernährung zu geben.

Alles wird in einem Wärmeprozeß miteinander verbunden durch das Kochen oder das Durchziehen am Ende der Kochzeit **in einem Topf** .
Dabei können sich neue Aromen entwickeln, gewissermaßen in der Wärme ausreifen .

Die meisten Getreide haben eine längere Garzeit als das Gemüse . Setzt man das Gemüse erst dann zu, wenn das Getreide schon fast weich ist, so besteht die Gefahr daß das Getreide anhängt .

Um das zu vermeiden, folgt hier ein Vorschlag für eine wertschonende und energiesparende **Zubereitung** :

Das Getreide für sich allein mit den Gewürzen in gut 1 Ltr Wasser einweichen, kochen und nachquellen in Kochkiste oder Thermosgefäß.

Das Gemüse behutsam für sich dünsten und würzen, nach den Angaben in den Rezepten . Dann bleiben die Vitamine und das volle Aroma weitgehend erhalten . Zum Durchziehen 15 Min vor dem Anrichten beides **in einem Topf** vermischen .

Wer einen Turmdünster mit Glaseinsätzen hat, kann — ohne ein Anhängen zu befürchten — Getreide und Gemüse **in einem Topf** kochen, bei gleicher Garzeit von Anfang an, bei unterschiedlicher das Gemüse später zusetzen .
Auch gekochte Getreidereste lassen sich für den Eintopf verwenden; er sollte dadurch aber nicht degradiert werden zur „Wochenschau der Küche".

91

Eintopf mit Getreide und Frischgemüse

Einige Getreide eignen sich hierfür insbesondere als Grütze und Thermo-Grütze; als ganzes Korn nur Hirse, Buchweizen, Hafer, Grünkern, Reis, evtl Gerste.

Getreidemengen wahlweise für einen „ausgewogenen" Eintopf:

140 g Buchweizen / grütze
120 g Gerstengrütze
120 g Grünkern / grütze
160 g Hafer
120 g Hirse
100 g Maisgrieß grob
120 g Reis
110 g Roggengrütze
100 g Weizen

Das Mengenverhältnis von Getreide und Gemüse läßt sich variieren

nach den Bedürfnissen der Essensteilnehmer, zB:

90 g	Gerstengrütze mit	}	ein besonders leichter
500 g	Frisch-Gemüse		Eintopf
120 g	Gerstengrütze mit	}	ein „ausgewogener"
400 g	Frisch-Gemüse		Eintopf
160 g	Gerstengrütze mit	}	ein stark sättigender
320 g	Frisch-Gemüse		Eintopf

Alle Angaben sind für 4 Personen berechnet.

Als eiweißreiche Ergänzung
empfiehlt sich:

Zum Überstreuen
geriebener Käse, Sesam-Kräutersalz

als Zugabe
knuspriges Käsegebäck

als Nachtisch
eine Quarkspeise, etwa Obstquark oder Gersten-Quark-Sahne-Creme.

93

Eintopf mit Hülsenfrüchten
Erbsen, Linsen, Bohnen

Hinweise :

10 Std einweichen in lauwarmem Wasser,
dann sachte darin kochen, nie kaltes
Wasser nachfüllen, nur heißes. Salzen
erst am Ende der Nachquellzeit, durchziehen lassen. Die Garzeit hängt ab vom Härtegrad
des Wassers, von Anbau, Sorte und Alter der
Hülsenfrüchte .

Hülsenfrucht	Einweichzeit	Kochzeit	Nachquellzeit
Linsen	10 Std	1/2 Std	1/2 – 2 Std
Bohnen	10 Std	1 – 2 Std	1 – 3 Std
Erbsen	10 Std	1/2 Std	1 – 2 Std

– ungeschälte länger –

Hülsenfrüchte sind schwer verdaulich, deshalb sollten wir sie
so zubereiten, daß sie geschmacklich anregender und —besonders für Magenempfindliche— bekömmlicher werden .
Dies erreicht man mit verschiedenartigen Zutaten und Ergänzungen ; unter anderem bewirken Frucht- und Gerbsäuren
einen verstärkten Einsatz der Verdauungssekrete .

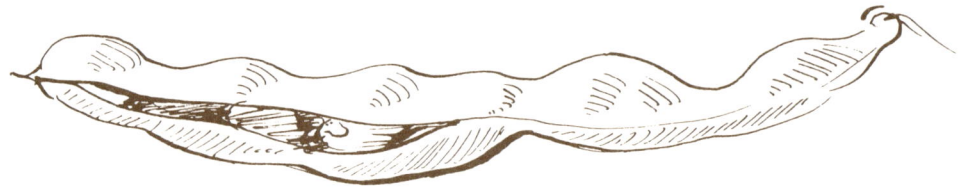

Zur Eiweißfrage
beim Eintopf mit Hülsenfrüchten

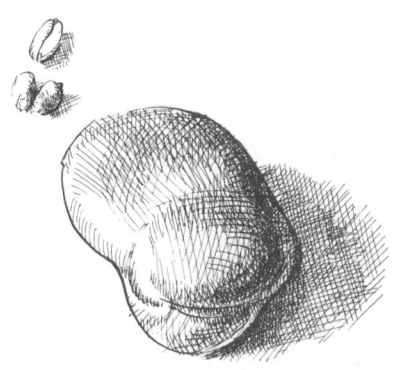

Neben reichlich Stärke enthalten die Hülsenfrüchte besonders viel Eiweiß, worauf ihr hoher Sättigungswert beruht. Das in Zellen eingeschlossene Eiweiß ist schwer zu lösen. Diese Überbeanspruchung im Verdauungssystem kann unter Umständen den Gegenpol, das Bewußtsein, zu stark, sogar bis zu einer gewissen Trübung belasten. Um dem entgegenzuwirken, ergänzt man die Hülsenfrüchte durch die angegebenen Zugaben.

97

Zutaten und Ergänzungen
zur Wahl

Gewürze

Thymian, Majoran, Bohnenkraut, Basilikum, Salbei, Pfefferminze, Rosmarin, Liebstöckel, Koriander, Fenchel, Dill, Kümmel, Anis, Petersilie, Senfkörner, Löffelkraut, Wiesenschaumkraut, Gartenkresse, Knoblauch, Zwiebel, Schnittlauch, Estragon, Sauerampfer, Ingwer.

Gemüse

mitkochen: Möhren, Pastinaken, Sellerie, Wurzelpetersilie, Lauch, Zwiebel. Diese Gemüse passen zu allen Hülsenfrüchten.
Zuletzt mit durchziehen lassen, nicht kochen milchsaure Gemüse wie:
milchsaure grüne Bohnen im Maiseintopf, milchsaure Gewürzgurken im Rote Bete-Eintopf, milchsaure Zwiebel, Paprika oder Sauerkraut im Reiseintopf usw.

Früchte und Fruchtsäuren:

Äpfel oder Dörrzwetschen,
Zitronensaft oder Demeter Apfelessig — ersatzweise Molkosan — Kannes Brot-Trunk.
Von den Früchten passen
Äpfel zu Bohnen
Äpfel und Dörrzwetschen zu Linsen.
Fruchtsäuren zu Linsen und Bohnen
Früchte in Nachspeisen: besonders Preiselbeeren, Heidelbeeren, Moosbeeren, Ebereschen.

Liebstöckel

Die Erfahrung, daß eine gewisse Einseitigkeit der Hülsenfrüchte dazu auffordert, nach geeigneten Ergänzungen zu
suchen, machte die heutige Ernährungswissenschaft
durch neuere Analysen:
Das Eiweiß der Hülsenfrüchte verlangt durch die spezifische
Zusammensetzung seiner Aminosäuren (Eiweißbausteine)
eine Ergänzung durch andere Aminosäuren. Milch-
eiweiß ist dafür ungeeignet, dagegen erwiesen die Unter-
suchungen, daß das Eiweiß des Getreides die fehlenden
Aminosäuren enthält. So sieht auch die Ernährungswissenschaft das Getreide als gute Ergänzung an.

Seither geprüfte und empfohlene Zusammenstellungen
sind:

Linsen und Erbsen mit Roggen* und Weizen**
Bohnen   mit Mais ***

Auch bei Anwendung der goetheanistischen Betrach-
tungsweise würde man die eiweißhaltigen Früchte der
Schmetterlingsblütler, die so stark von den Bildekräften
des Blattbereiches geprägt sind,+ gern ergänzen durch
Früchte von besonders hoher Lichtqualität, wie wir sie
bei den Getreidepflanzen finden.

*   Besonders bekömmlich und schmackhaft als
       Thermo – Roggengrütze.
**   Besonders bekömmlich und schmackhaft als
       Grünkerngrütze.
***   z B in Form von „Weichen Würfeln" aus Maisgrieß.
+   s. Udo Renzenbrink „Die Sojabohne", herausgegeben vom
       Arbeitskreis für Ernährungsforschung e.V. Bad Liebenzell.

Als Nachtisch

für Gerichte aus Hülsenfrüchten sollte man also auf Grund dieser Untersuchungsergebnisse keine Milch- und Quarkspeisen wählen.

Dagegen ist Obst in jeder Form sehr geeignet, roh, auch als Obstsalat oder als Kompott, zum Beispiel Bratapfel oder gedünsteter Apfel gefüllt mit Preiselbeeren, Ebereschen; oder eine erfrischende Obstspeise wie Malven-Apfelgelee, Rote Grütze Rhabarber-, Apfel-grütze usw.

Reis-Eintopf mit Sauerkraut

90-120 g Reis vorbereiten und kochen wie S 114 bei
„Reis-Eintopf mit Gemüse" angegeben, gut würzen.
Brühe herstellen:
600 ccm Wasser kalt aufsetzen mit Gewürzen:

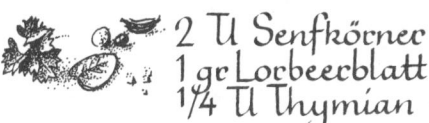

2 Tl Senfkörner	½ Tl Kümmelkörner
1 gr Lorbeerblatt	7 Wacholderbeeren
¼ Tl Thymian	1 Stck Ingwer Kräutersalz

30 Min auskochen, Brühe abseihen.
Gemüse: 1 kl Stange Lauch, 2 Zwiebeln klein
schneiden, in
3 El Öl oder Butterschmalz —lauwarm—wenden,
mit etwas Wasser 20 Min dünsten
700 g Sauerkraut fein schneiden, ebenso
1-2 süßsaure Äpfel —Boskop— beides mischen
und würzen

Kümmel gemahlen	Anis	Dill	Basilikum
Meerrettich	eine Spur Knoblauch		
oder 1 Pr Cayenne	evtl Kräutersalz		

Das gut gewürzte Sauerkraut mit Lauch, Zwiebeln und
4 El Öl mischen, leicht anwärmen, nicht kochen, die heiße
Brühe und den gut abgeschmeckten Reis zufügen,
10 Min durchziehen lassen, nachwürzen.
Abrunden mit
5 El Sahne, abschmecken.
Anrichten mit Schnittlauch bestreut.

103

Linsen-Eintopf

mit Gersten- oder Grünkerngrütze
ca 2 Ltr

Vorbereitung

200 g Linsen 10 Std einweichen in
400 ccm Wasser oder Gemüsebrühe ,
180 g Dörrzwetschen mit Stein 10-24 Std lauwarm in
500 ccm Wasser ;
 60 g Gerste grob schroten, mindestens eine , am besten
      10 Stunden in
100 ccm Wasser einweichen
      oder statt Gerste 80 g Grünkern — kann, aber
      muß nicht eingeweicht werden — .

Zubereitung

800 ccm Wasser , mit Linsen, Getreideschrot und dem
      gesamten Einweichwasser aufsetzen mit Gewürzen:

½ Tl Basilikum   ¼ Tl Estragon   1 Tl Senfkörner
12 Wacholderbeeren   je 1 großes Blatt Sellerie und Liebstöckel, frisch oder je ½ Tl getrocknet   je ⅓ Tl
Thymian und Majoran 1 Lorbeerblatt
etwas Pfefferminze

20 - 30 Min köcheln .
Zwetschen mit Einweichwasser zufügen, aufkochen ; mindestens 60 Min nachquellen .
160-200 g Suppengemüse — Lauch bzw Zwiebel, Sellerie,
    Möhre, Pastinake — klein schneiden ,
    ca 20 Min dünsten mit
  3 El Öl oder Butterschmalz , etwas Wasser

und Gewürzen :

etwas Kümmel   Fenchel   Liebstöckel
zuletzt Selleriesalz

Gemüse und Linsen zusammen in **einen Topf**
schütten, kurz durchkochen; nachwürzen :

Kräutersalz   etwas Ingwer und Knoblauch, gerieben
Zitronensaft bzw Molkosan   evtl Apfeldicksaft

Zum Abrunden   wahlweise
50-70 g Butter, 4 El Leinöl, Sahne; abschmecken.
Anrichten mit Schnittlauch überstreut.

Abwandlung I
250 g säuerliche Äpfel statt Trockenpflaumen;
       zum Würzen
Ingwer   Anis   Koriander   Liebstöckel
Thymian   Majoran   Wacholderbeeren
evtl Zwiebel   Salz   nachwürzen wie oben.

Abwandlung II
250 g Gemüsemischung;   zum Würzen :

Liebstöckel   Fenchel   Kümmel
Basilikum   etwas Thymian   Löffelkraut
Kräutersalz   nachwürzen wie oben.

Moosbee

Basilikum

Preiselbeeren

Dörr - Aprikose

Pflaume

Kärnthen

Löffelkraut

Eberesche

Salbei

Majoran

Gersten-Eintopf

mit Gemüse, sämig

a) mit Thermo-Gerstengrütze – ohne Einweichen
b) mit grob geschroteter Gerste – einweichen !
c) mit ganzen Körnern – einweichen !
d) mit Rollgerste grob oder fein – möglichst einweichen .

a) mit Thermo-Gerstengrütze

800 ccm Wasser aufkochen mit

7 Wacholderbeeren   1 Lorbeerblatt
1/4 Tl Thymian

120 g Thermo-Gerstengrütze einrühren, 5 Min sachte
kochen, 40 Min nachquellen , salzen .
Oder : die Grütze mit Gewürzen vermischt im gut
vorgewärmten Thermosgefäß mit 800 ccm Wasser
überbrühen, 2 Std oder länger nachquellen
lassen , salzen , weiter s S 111 „500 g Gemüse ...“

b) mit grob geschroteter Gerste

Vorbereitung

120 g Gerstenschrot mindestens eine, am besten 10 Std in
400 ccm Wasser einweichen mit folgenden Gewürzen

7 Wacholderbeeren   1 Lorbeerblatt
1/4 Tl Thymian

Zubereitung

450 ccm Wasser erhitzen, eingeweichtes Schrot hineinrühren, 10 Min sachte kochen, 40 Min nachquellen,
salzen; weiter s S 111 „500 g Gemüse ..."

c) mit ganzen Körnern

Vorbereitung

120 g Gerste mindestens eine, am besten 10 Std
einweichen in
850 ccm Wasser mit Gewürzen

7 Wacholderbeeren   1 kl Lorbeerblatt
10 Korianderkörner

Zubereitung

Gerste im Einweichwasser 20 Min sachte kochen,
3 Std nachquellen, salzen,
weiter s S 111 „500 g Gemüse ..."

Will man als Nachtisch „Gersten-Quark-Sahne-
Creme" reichen, so weicht man dafür gleich 50 g
Gerste mehr ein, kocht alles weich, nimmt gut
1/3 ab, erkaltet dreht man es durch den Wolf
— feine Scheibe —. Die Rückstände aus dem Wolf
und etwas von der durchgedrehten Gerste fügt man
dem Eintopf bei, dadurch wird er sämiger.

d) mit Rollgerste grob oder fein (Graupen)

Vorbereitung

120 g Rollgerste möglichst eine, am besten
10 Std einweichen in
850 ccm Wasser mit Gewürzen

7 Wacholderbeeren   1 gr Lorbeerblatt
1 Tl Liebstöckel

Zubereitung

Rollgerste im Einweichwasser sachte kochen:
feine: 10 Min –salzen– 30 Min nachquellen
grobe: 20 Min –salzen– 3 Std nachquellen
weiter s S 111 „500 g Gemüse..." .

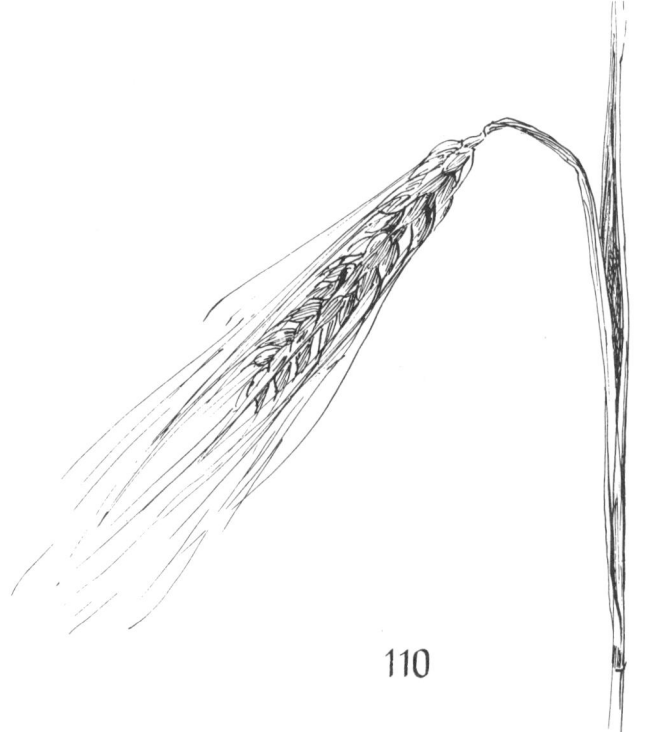

500 g Gemüse nach Wahl – „quer durch den Garten" – putzen: Sellerie – Knolle und Blattstiele – Möhren, Pastinaken, Wurzelpetersilie, Lauch, Kohlrabi, Wirsing, Blumenkohl, Bohnen, Erbsen, Strünke von Salat und Kohl – faserige Rinde abziehen – .

„Abfall" 25 Min auskochen zu **Gemüsebrühe** in 500 ccm Wasser mit Gewürzen:

1–2 Tl Senfkörner   7 Wacholderbeeren   1gr Lorbeerblatt   etwas Kümmel   Thymian   Bohnenkraut   Blätter von Sellerie   und Liebstöckel

Gemüsebrühe abseihen.
Gemüse klein schneiden, kalt in
3 El Öl wenden, 1 Tasse Wasser zugeben, 20 - 30 Min dünsten mit jeweils zum Gemüse passenden Gewürzen nach den Rezepten, zuletzt Kräutersalz. Gemüsebrühe zugießen.

Feinschmecker gießen das Gerstenwasser durch ein Sieb über das Gemüse und schwenken die Gerste einige Minuten in einem extra Topf in
70 g Butter, bzw Butterschmalz, würzen sie und vermischen sie erst jetzt mit dem Gemüse.

Eilige mischen sofort die Gerste samt Gerstenwasser unter das Gemüse und fügen die Butter zu.

Abschmecken und Anrichten
mit gehackten frischen Kräutern, zB Petersilie, Liebstöckel, Schnittlauch, Kerbel, Dill, Majoran.

111

Thermo-Roggengrütze-Eintopf mit Gemüse

besonders herzhaft

100-120 g Thermo-Roggengrütze in
600 ccm Wasser 10 Min sachte kochen* mit Gewürzen:

 Kümmel   Thymian   1 Lorbeerblatt
Wacholderbeeren

½ - 1 Std nachquellen, salzen mit Kräutersalz

400-500 g **Gemüse** putzen: Möhren, Pastinaken, Lauch,
Sellerie, Kohlrabi evtl Schwarzwurzel.
„Abfall" zur **Gemüsebrühe** auskochen
— 20 - 30 Min — in gut
500 ccm Wasser mit Gewürzen:

 Kümmel   etwas Thymian   Lorbeerblatt
Senfkörner   Fenchel   abseihen.

Gemüse in feine Stifte schneiden, kalt in
3 El Öl wenden, mit 1 Tasse Brühe und Gewürzen
25 Min dünsten, würzen mit:

 Liebstöckel   Dill   Fenchel
Selleriesalz

mit der Brühe auffüllen, vollends gar kochen.
Die gut gewürzte Grütze zufügen, einmal aufkochen,
wenn nötig verdünnen, nachwürzen.

Abrunden mit
50 - 70 g Butter, Butterschmalz, Leinöl oder Sahne,
abschmecken.
Anrichten mit gehackten frischen Kräutern.

* Oder die Grütze mit Gewürzen vermischt im gut vorgewärmten Thermosgefäß überbrühen, 2 Std oder länger
nachquellen, salzen.

Thymian

113

Reis-Eintopf mit Gemüse

Aus Vollkornreis, Demeter-Rundkorn,
Vorschläge für 2 Gemüsemischungen mit
dazu passenden Gewürzen.

Vorbereitung

90-120 g Rundkornreis, mindestens eine, am besten
10 Std in
650 ccm Wasser einweichen mit Gewürzen:

2 cm Ingwerwurzel   1 Lorbeerblatt
7 Wacholderbeeren   nach dem Kochen Kräutersalz

Zubereitung

Reis im Einweichwasser 20 Min sachte kochen mit
1 Zwiebel —gespickt mit 3 Nelken—, 2 Std nachquellen.
400-500 g **Gemüsemischung** —wie unter a) oder b)
vorgeschlagen— putzen.
„Abfall" und die dazu passenden Gewürze in
600 ccm Wasser 20-30 Min zu **Gemüsebrühe**
auskochen, abseihen.

Gemüse in feine Stifte schneiden —außer den Tomaten— in

3 El Öl kalt wenden, mit 1/2 Tasse Brühe und Gewürzen 20 Min dünsten, mit der Brühe auffüllen, Gemüse vollends gar kochen, den gut gewürzten Reis zufügen, einmal aufkochen, wenn nötig verdünnen, nachwürzen.

Zum Abrunden wahlweise 50 - 70 g Butter, Butterschmalz, etwas süße oder saure Sahne, abschmecken.

Anrichten mit gehackten frischen Kräutern.

Gemüsemischungen
und dazu passende **Gewürze** :

a) Rote oder gelbe Paprikaschoten, Zwiebeln, Zucchetti, Tomaten. Tomaten brühen, abziehen, klein schneiden, zuletzt zufügen, nicht kochen.

Gewürze für Brühe und Gemüse :

Ingwer frisch gerieben oder Koriander reichlich Basilikum und Dill   etwas Estragon evtl Curry oder Paprika   evtl eine Spur Knoblauch Schnittlauch   Petersilie   Salz .

b) Möhren, Lauch, Sellerie, Wurzelpetersilie, Pastinake.

Gewürze für Brühe und Gemüse :

etwas Kümmel   Fenchel   Thymian   mitkochen. Liebstöckel   Stiele von Sellerie und Petersilie fein schneiden, 10 Min durchziehen lassen Selleriesalz   frische Petersilie .

Mais-Eintopf
mit frischem und milchsaurem Gemüse.

1¼ Ltr **Gewürzbrühe** kochen:
600 ccm Wasser kalt aufsetzen mit:

20 Wacholderbeeren   2-3 cm Ingwerwurzel
–zerschneiden–   1 gr Lorbeerblatt   Stengel
und Blätter von Estragon   oder Dill

15 Min auskochen, abseihen.
Dieselben Gewürze nochmals mit
600 ccm kaltem Wasser aufsetzen, 15 Min kochen, abseihen,
ca 250 g **Gemüse** putzen, z B:

     50 g Zwiebel   ⎫ oder ⎧ 50g Lauch
   150 g Pastinaken * ⎬   ⎨ 150g Zuchetti
    50 g Möhren   ⎭   ⎩ 50g Tomaten

in Stifte schneiden, in
  2 El Öl wenden, mit der Brühe auffüllen, erhitzen,
100-120 g Maisgrieß, grob, mit dem Schneebesen einrühren,
   30-40 Min sachte kochen, zuletzt würzen mit

Dill   Estragon   Curry   evtl nochmal
Ingwer   Salz   Löffelkraut

300 g milchsaure grüne Bohnen klein schneiden
      zufügen, evtl auch einige milchsaure Zwiebeln,
      nicht mehr kochen, nur durchziehen lassen.

Zum Abrunden
4-6 El Leinöl oder Butter; abschmecken, evtl nachwürzen.
  * ersatzweise Weißkohl oder Wirsing.

Löffelkraut

Buchweizen-Eintopf
mit Gemüse

Aus Grütze oder ganzen Körnern;
gedarrt besonders herzhaft.
Vorschläge für 4 Gemüsemischungen
mit dazu passenden Gewürzen.

400-500g **Gemüsemischungen** – wie unter
a) b) c) d) vorgeschlagen – putzen. „Abfall"
und die dazu passenden Gewürze in
1¼ Ltr Wasser 20-30 Min zu **Gemüsebrühe**
auskochen, abseihen.
Gemüse in feine Stifte schneiden, in
3 El Öl, kalt wenden, mit ½ Tasse Brühe und den
Gewürzen 20 Min dünsten, mit der Brühe
auffüllen, vollends gar kochen.
140-90g Buchweizen bzw -grütze hineinrühren
– je mehr Gemüse, um so weniger Buchweizen –
20-30 Min kochen, würzen, 10 Min durchziehen lassen, wenn nötig mit Brühe verdünnen.

Abrunden mit
50-70g Butter, Butterschmalz, abschmecken,
evtl nachwürzen.
Anrichten mit gehackten frischen Kräutern,
Käse oder Sesam – bzw Kräutersalz.

Gemüsemischungen
und dazu passende *Gewürze*

a) Sellerie, Möhre, Wurzelpetersilie, Lauch, Pastinake, Kohlrabi.

Gewürze für Brühe und Gemüse:
Fenchel   Liebstöckel   etwas Kümmel und Thymian   Dill   frischer Kerbel Petersilie   Sellerie- oder Kräutersalz

b) Wirsing oder Weißkohl, Möhre, Zwiebel, Pastinake

Gewürze für Brühe und Gemüse:
reichlich Senfkörner   Lorbeerblatt Wacholderbeeren   Majoran   eine Spur Pfefferminz   Dill   Brennessel   Schnittlauch Kräutersalz

c) Grüne Bohnen, Zwiebeln, rote Paprika oder Möhre

Gewürze für Brühe und Gemüse:
Bohnenkraut   Basilikum   Dill Majoran   Petersilie   Kräutersalz

d) Grüne Erbsen, Möhren, Kohlrabi oder Blumenkohl.

Gewürze für Brühe und Gemüse:
Fenchel   etwas Koriander   Liebstöckel Dill   Petersilie oder Kerbel

119

Grünkern - Eintopf
mit Gemüse

Aus Grütze* oder gekochten ganzen Körnern.
Vorschläge für 3 Gemüsemischungen mit dazu passenden Gewürzen.

120 g Grünkerngrütze möglichst 1 Std einweichen** in 200 ccm Wasser.
400 ccm Wasser erhitzen, die Grütze einrühren, 5 Min sachte kochen, mit den unter a) b) c) angegebenen Gewürzen, 40 Min nachquellen.

ca 500 g **Gemüsemischung**
—wie unter a) b) c) vorgeschlagen— putzen, „Abfall" und die dazu passenden Gewürze in 750 ccm Wasser 20 - 30 Min zu **Gemüsebrühe** auskochen, abseihen.
Gemüse —außer den Tomaten— in feine Stifte schneiden, in 3 El Öl kalt wenden, mit ½ Tasse Brühe und den Gewürzen 20 Min dünsten, mit der Brühe auffüllen, vollends gar kochen. Die gut gewürzte Grütze zufügen, einmal aufkochen. Evtl vorgesehene Tomaten brühen, abziehen, klein schneiden, mit durchziehen lassen; wenn nötig den Eintopf etwas verdünnen und nachwürzen.
Abrunden mit 50 - 70 g Butter, Butterschmalz oder 4 El Leinöl, abschmecken.
Anrichten mit gehackten frischen Kräutern.

Gemüsemischungen
und dazu passende Gewürze:

a) Grüne Bohnen, Zwiebeln, Möhren oder Tomaten .
Gewürze für Brühe, Grütze und Gemüse :
viel Basilikum und Dill   etwas Bohnenkraut
und Thymian   Majoran   Kräutersalz 1 Pr Cayenne

b) Mangoldstiele, Wirsing oder Kohlrabi, evtl einige
grüne Bohnen, Zwiebeln, Möhren oder Tomaten .
Gewürze für Brühe, Grütze und Gemüse :
1 gr Lorbeerblatt   Senfkörner   etwas Thymian
viel Dill   Liebstöckel und Petersilie
Kräutersalz   evtl Muskatnuß

c) Zucchetti, rote oder gelbe Paprika, Zwiebeln,
Tomaten .
Gewürze für Brühe, Grütze und Gemüse :
1 gr Lorbeerblatt   reichlich Basilikum
Majoran und Dill   etwas Rosmarin
Paprika und Ingwer oder Koriander
evtl eine Spur Knoblauch   Kräutersalz

*   Möglichst selbst frisch schroten, das feine Mehl
absieben für gebundene Suppen .

* *   Oder die Grütze mit Gewürzen und Salz mischen, in
gut vorgewärmtem Thermosgefäß mit 600 ccm Wasser
überbrühen, sofort verschließen, 2 Std oder länger
quellen lassen .

Rote Bete-Eintopf Borschtsch

Abwandlung des russischen Borschtsch.
Folgende Gemüse putzen bzw schälen:

450	g	Rote Bete, ca 1/3 davon zurücklegen zum Reiben
30	g	Wurzelpetersilie —notfalls durch Sellerie ersetzen—
150	g	Sellerieknolle
80	g	Möhren
100	g	Zwiebeln oder Lauch
200	g	Weißkohl oder Wirsing

Den „Abfall" zur **Gemüsebrühe** auskochen
—20-30 Min— in
1 Ltr Wasser mit Gewürzen:

1 Lorbeerblatt	12 Wacholderbeeren	
1 Stck Ingwer	4 Nelken	1/2 Tl Koriander
1 Tl Kümmel	1/2 Tl Anis	4 Pimentkörner

abseihen, 2/3 der Rote Bete in feine Stifte schneiden, bzw raffeln, in
4 El Öl kalt wenden, mit 4 El Wasser 20 Min dünsten, inzwischen das übrige Gemüse ebensofein schneiden, auch in
2 El Öl wenden, noch 20 Min mit den Rote Bete zusammen dünsten mit der Brühe auffüllen, in ca 10 Min garkochen;
inzwischen die zurückgelegten Rote Bete sehr fein reiben, direkt in
1/2 Ltr Sauerkrautsaft hinein, kalt darin ziehen lassen, —ersatzweise in 3-4 El Molkosan mit etwas Wasser verdünnt—.

Zum Abschmecken:

1-2 Tl Meerrettich, frisch bzw „Demeter" oder „Neuco"*
80-100g Tomatenmark „Eden"*, oder 3 Tl „Sekowa"-
    Gemüsebrühe
  2 El Leinöl oder Butter
1/8 Ltr saure Sahne
    die geriebenen Rote Bete zufügen, pikant nachwürzen mit:

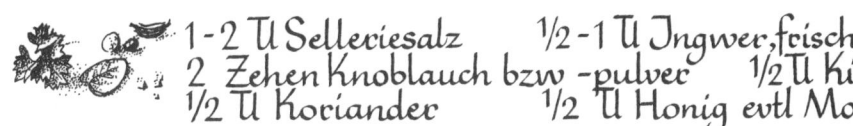

1-2 Tl Selleriesalz   ½-1 Tl Ingwer, frisch gerieben
2 Zehen Knoblauch bzw -pulver   ½ Tl Kümmel
½ Tl Koriander   ½ Tl Honig evtl Molkosan

Anrichten mit reichlich Schnittlauch überstreut oder mit Walnußhälften belegt.

Dazu gehört eine Getreidebeilage —Getreideein-
lage würde das Gericht reichlich dick machen—
farblich paßt Hirse in jeder Form besonders schön
dazu, außerdem Roggen-ThermoGrütze,
Grünkerngrütze, Suppenklößchen; Knabberbrot
oder Kümmelschnitten aus der Vorratsdose.

✳   Oder ein entsprechendes Produkt.

Obstgerichte

Obstsuppen
Obstspeisen
Grützen
Gelees
Kleine Obstspeisen
Kompotte

Obst-Suppen

Zu jeder Jahreszeit ein beliebtes Abendessen.

Im Frühjahr regt eine Rhabarber- oder Holunder-suppe den trägen Stoffwechsel zur Entschlackung an, die bekannte Frühjahrsmüdigkeit wird durch die belebende Kraft einer Schlehensuppe leichter überwunden.

Im Sommer wirken kühle, säuerliche Suppen beson-ders erfrischend: aus Sauerkirschen, Stachelbeeren, Rhabarber, Pflaumen.

Im Herbst schützt eine heiße Brombeersuppe oder eine Hagebuttensuppe vor Erkältung. Gern verwen-det man jetzt Fallobst, etwa Äpfel, Birnen, Quitten, Zwetschen gemischt.

Im Winter, besonders an kalten Tagen, läßt man sich gern wohlig durchwärmen, insbesondere von einer heißen Suppe aus schwarzen Holunderbeeren.

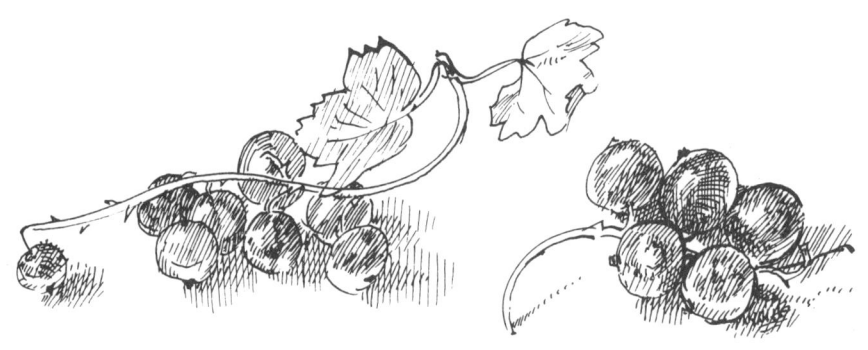

Allgemeine Hinweise

Als Abendessen für 4 Personen braucht man 1 – 1¼ Ltr Suppe, man rechnet dafür wahlweise

a) 300 – 550 g frisches Obst .

b) 125 – 170 g Trockenobst, d h von Hagebutten 125 g, von Aprikosen ohne Stein 130 g, von gemischtem Obst 170 g; jedes 12 Std einweichen .

c) ca 400 ccm Muttersaft – von verdünntem Saft entsprechend mehr – je nach der Intensität des Aromas .

d) 300 – 600 g Fruchtmark

Gegebenenfalls wird als Suppengrundlage ein Tee gekocht aus Schalen, Kerngehäusen und Gewürzen einschließlich einigen Steinen des Steinobstes .

Zuletzt kann die Suppe auf 1 – 1¼ Ltr aufgefüllt werden .

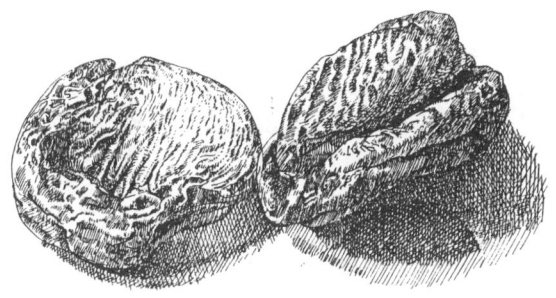

Zum Binden einer Suppe aus Obst
oder Fruchtmark ; für 1 – 1¼ Ltr Suppe

a) 25 - 30g **Vollgrieß**, anrühren mit
150 ccm Wasser. In Obstsaft oder Tee 5 Min köcheln,
20 Min nachquellen lassen .

b) 2½ - 3 g **Agar-Agar**, anrühren mit
150 ccm Wasser, bei 60 - 100°ca 10 Min in der Suppe quellen.

c) 25 - 30g **Tapioka** , 1 Std einweichen in
150 ccm Wasser , im Obstsaft oder Tee 10 Min köcheln,
20 - 30 Min nachquellen lassen , bis sie glasig ist.

Zum Binden einer Suppe aus Obstsaft

a) 42 g **Vollgrieß** — macht die Suppe trüb —
Zubereitung wie zuvor .

b) 4½ g **Agar - Agar** — läßt die Suppe klar —
Zubereitung wie zuvor .

c) 40 g **Tapioka** — läßt die Suppe klar —
Zubereitung wie zuvor .

Zum Anrichten wahlweise : Vollkornzwieback , Suppeneinlagen wie für Gemüsebrühen hergestellt ,
jedoch mit den für Obstsuppen angegebenen
Gewürzen ; außerdem passen dazu Hirseklöße,*
Quarknußklöße*; süße Schnitten aus
verschiedenen Getreidearten*; Grießflammeri
oder leichtes süßes Gebäck wie Hirsemakronen
und dergleichen .

* Rezepte im vorgesehenen 2. Band .

Apfel- oder Rhabarber- Brot-Suppe   heiß oder kalt

200 g Vollkornbrotreste — sehr trocken nur 100 g — einige
Stunden mit einem Teller beschwert einweichen in
3/4 Ltr Wasser mit Gewürzen:

½ Stg Zimt   ½ Stg Vanille aufgeschlitzt
Zitronen- oder Orangenschale   3 Nelken
½ Tl Korianderkörner   1 Stern-Anis

Alles 15 Min auskochen, durch ein Drahtsieb, bzw
die „Flotte Lotte" streichen. Die im Sieb verbleibenden
Gewürze nochmal auskochen mit dem klein geschnittenen Obst:

300 g Äpfel — bzw Rhabarber — mit Schalen und Kerngehäusen in
3/4 Ltr Wasser, anschließend durchs Sieb streichen*, mit
dem durchgestrichenen Brot mischen, süßen und nachwürzen mit den genannten Gewürzen, aber gemahlen.
Zum Süßen

150 g Rosinen oder kleingeschnittene Datteln, bzw Feigen
zufügen, nochmals erhitzen.
Abrunden und abschmecken mit wenig Salz,
etwas Apfeldicksaft und Zitronensaft

1 El Demeter Rübensirup. Zu starke Säure des Rhabarbers
läßt sich mildern durch etwas Sahne oder Milch.
Anrichten heiß oder kalt.

* Es ist nicht ratsam, Brot und Obst zusammen aufzu-
kochen, weil es sich dann schwer durchs Sieb streichen läßt.

129

Holunder-Suppe

1 ¼ Ltr

aus schwarzen Beeren   (von Sambucus niger) *

Ein Bindemittel einweichen bzw einrühren in
150 ccm Wasser, s S 128
140 g Äpfel schälen; aus Schalen und Kerngehäusen
Apfeltee   kochen mit nachstehenden
Gewürzen in gut
600 ccm Wasser 10-20 Min, soll 500 ccm Tee ergeben.
Äpfel in feine Stückchen schneiden, in Zitronensaft wenden, ½ Std durchziehen lassen mit
den gleichen Gewürzen:

reichlich Anis   Zimt   Vanille   Ingwer
etwas Zitronen- oder Orangenschalen naturbelassen.

Den Apfeltee mit
350 ccm Holundersaft erhitzen. Das Bindemittel und zuletzt
die Apfelstückchen darin garen.
60-100 g Feigen- oder Dattelmark** mit etwas heißer
Suppe anrühren und dazugeben.

Abschmecken mit

2-3 El Apfel-Birnendicksaft
1-2 El Zitronensaft —ersatzweise Molkosan— leicht
salzen, nach Wunsch etwas Milch oder süße
Sahne zufügen, nochmals abschmecken. Heiß
anrichten —schmeckt aber auch kalt sehr gut—.

* Holunderbeeren nicht roh essen, unreife Beeren und Stiele entfernen, sie verder-
ben den Geschmack. Unreife Beeren, reife Kerne, Blüten und Blätter enthalten
Sambunigrin, das Übelkeit hervorruft, aber durch Kochen zerstört wird.
** Siehe unter Süßen und Aromatisieren S 172.

Hagebutten-Suppe 1 - 1¼ Ltr

300 g großfrüchtige Hagebutten –oder 500g kleinfrüchtige–
entkernen, Härchen abwaschen, in
1,2 Ltr Wasser kalt aufsetzen, weich kochen mit

Zitronenschale   etwas Vanille   und Anis

Durch ein Drahtsieb oder den Wolf –feine 3 mm
Scheibe– passieren* binden –am besten mit Vollgrieß s S 128 Süßen mit Apfel- oder Birnendicksaft,
bzw Ahornsirup.
Abschmecken mit Zitronensaft, etwas Salz
und obigen Gewürzen.
Anrichten kalt oder warm.

Schlehen-Suppe

wie Holundersuppe: selbst hergestellten Schlehensaft, Elixier
oder Süßmost je nach Konzentration mit Apfelschalentee
verlängern, zum Süßen evtl einige Feigen mit erhitzen,
leicht süß – sauer abschmecken mit Apfel- bzw Bienen-
dicksaft oder Sucanat. Einige Apfelschnitze in der Suppe
garziehen lassen.
Anrichten heiß oder kalt, ohne Milch oder Sahne.

* abmessen; Flüssigkeit, die an 1¼ Ltr fehlt, durch Wasser
ersetzen beim Anrühren des Bindemittels.

Birnen-Suppe

am besten heiß essen   1 – 1¼ Ltr
Hierfür lassen sich auch weiche „teigige" Birnen
verwenden.

20 - 25 g Vollgrieß mit
150 ccm Wasser anrühren,
500 g Birnen und
 50 g Äpfel klein schneiden, in
600 ccm Wasser weich kochen mit Gewürzen:

Anis   Koriander   Ingwer   Zimt
Vanille   Zitronen- oder Orangenschale
3 Nelken

in einem Sieb abtropfen lassen, im abgelaufenen
Saft den angerührten Grieß 5 Min kochen,
20 Min nachquellen lassen. Das Obst durchpassie-
ren, damit vermischen, außerdem hinzufügen:
  4 El Milch und } oder 4 El süße Sahne
 20 g Butter
1 - 2 El Birnen- oder Apfeldicksaft, evtl
1 - 2 El Ahornsirup oder ca 100 g blaue Rosinen.

Abschmecken süß - säuerlich mit
1 - 2 El Zitronensaft — ersatzweise Molkosan— leicht
salzen, evtl nachwürzen.
Heiß anrichten mit gerösteten Brotbröckchen oder gequollenen Rosinen überstreut.

Apfel-Suppe

wie Birnen-Suppe; aber die 550 g Äpfel nicht passieren.

Obstspeisen

Grützen, Gelees

Sauerkirschspeise
mit Tapioka

sehr erfrischend .
Abendessen für 5 oder Nachtisch
für 10 Personen .

Zubereitung
wie „Rhabarberspeise mit Tapioka", s S 138
Wünscht man sie ohne Kirschsteine , so kocht
man diese im
Gewürztee aus , evtl noch mit einigen
Apfelschalen und

1 Sternanis   ½ Tl Korianderkörner
1 Ingwerwurzel   3 Nelken
wenig Salz

300-500 g Sauerkirschen , süßen und würzen mit
150 g Rosinen oder klein geschnittenen Datteln

½ Tl Vanille   1 Pr Nelken
etwas Koriander oder Ingwer

Abschmecken süß – sauer
mit Apfeldicksaft und Zitronensaft .

Anrichten mit Vanillesoße ,
Frischmilch oder Schlagsahne .

Rhabarberspeise mit Tapioka

sehr erfrischend.
Abendessen für 5 oder Nachtisch
für 10 Personen.
Rotstieliger Rhabarber ist süßer und
sieht schöner aus.

85 g Tapioka 30 Min einweichen in
250 ccm Wasser

500 - 700 g Rhabarber waschen, nicht abziehen,
längs und quer in sehr kleine Stückchen
schneiden, würzen und süßen mit

je 1 Tl Anis   Fenchel   Vanille
1/2 Tl Koriander   3/4 Tl Jngwer   Zitronenschale   alles gemahlen bzw gerieben

125 g Datteln, sehr klein geschnitten, nach Geschmack
wahlweise
1 El Honig, Demeter-Rübensirup oder Malzextrakt;
einige Stunden durchziehen lassen, bis er Saft zieht,
evtl auf einem Topf mit heißem Wasser.

750 ccm Gewürztee kochen:

ca 200 g Feigen oder Datteln und Gewürze — s.o. — aber
ganze Körner, mit 400 ccm kaltem Wasser aufsetzen, 10 Min auskochen, abseihen, den Vorgang mit
denselben Gewürzen und frischem Wasser wiederholen, alles auf 750 ccm auffüllen;
oder Datteln, bzw einige Stunden eingeweichte
Feigen mit frisch gemahlenen Gewürzen

nur einmal in gut 750 ccm Wasser 10 Min aus-
kochen ; Feigen bzw Datteln klein schneiden , zuletzt
zur Speise geben .
Die eingeweichte **Tapioka** 20-30 Min darin
glasig kochen , öfter umrühren , ins Wasserbad stel-
len , etwas Salz einrühren ; den Rhabarber auf die
Tapioka schütten , im Dampf garziehen , aber nicht
Mus werden lassen . Alles locker mischen .
Abschmecken evtl mit Apfeldicksaft oder
Zitronensaft , **kalt anrichten** mit

100 g Schlagsahne —zuletzt etwas Honig und Vanille
hineinschlagen—.

frische Ingwerwurzel

Rhabarberspeise
mit Thermo-Gerstengrütze oder Vollgrieß

Abendessen für 5-6 oder Nachtisch für
10-12 Personen
Rotstieliger Rhabarber ist süßer und sieht
schöner aus.
500-700 g Rhabarber waschen, nicht abziehen, längs
und quer in kleine Stückchen schneiden.
Würzen und süßen mit

1 geh Tl Anis   1 geh Tl Fenchel   3/4 Tl Koriander
1 cm Ingwer frisch gerieben   1/2 Tl Vanille

100 g Datteln, sehr klein geschnitten, oder Rosinen,
 40 g Korinthen; nach Geschmack wahlweise
1 gr El Honig, Apfel-Birnendicksaft, Demeter-Rübensirup,
Malzextrakt; einige Stunden durchziehen lassen
bis er Saft zieht und mürbe wird, schneller geht's
im Wasserbad.

1 Ltr Gewürztee kochen:

ca 200 g Feigen oder Datteln und Gewürze, s.o., aber ganze
Körner, mit gut 500 ccm kaltem Wasser aufsetzen,
10 Min auskochen, abseihen, den Vorgang mit
denselben Gewürzen und frischem Wasser wiederholen, alles auf 1 Ltr auffüllen;
oder Datteln, bzw einige Stunden eingeweichte
Feigen mit frisch gemahlenen Gewürzen nur
1 x in gut 1 Ltr Wasser 10 Min auskochen;
Feigen bzw Datteln klein schneiden, zuletzt zur
Grütze geben.

180 g Thermo-Gerstengrütze oder 110 g Vollgrieß 5-10 Min sachte darin kochen; 20-30 Min nachquellen —Wasserbad— leicht salzen.

Den Rhabarber auf die Grütze schütten, in ihrem Dampf gar ziehen —aber nicht Mus werden lassen—, mischen, kalt stellen.

Abschmecken

evtl auch nachsalzen; nachwürzen mit 1/4 Tl Zimt

2-3 El Sahne schlagen, unterziehen bzw damit verziehren.

Anrichten

warm, besser kalt mit Frischmilch, Apfel- oder Rhabarbersaft.

Abwandlung

sehr zart und cremig, besonders geeignet als Nachtisch

120 g Thermo-Gerstengrütze oder 80 g Grieß

100 g Schlagsahne zum Unterziehen und Garnieren; ohne Frischmilch reichen.

Rote Grütze mit Tapioka und rohem Obst

Erfrischendes Abendessen an heißen Sommertagen
für 4 - 5 Personen oder Nachtisch für 8 - 10 Personen.

500 - 600 g Obst, Mischung von roten und schwarzen Johannisbeeren, Himbeeren, Erdbeeren, Sauerkirschen und evtl einem großen säuerlichen Apfel, in Stifte geschnitten. Das Obst würzen mit

1 Tl Anis   3/4 Tl Vanille

etwas ziehen lassen, dann zufügen:

100 g Datteln klein geschnitten
100 g blaue Rosinen
4 El Birnendicksaft oder Honig, evtl Sucanat.
60 g Tapioka mindestens 1/2 Std in
200 ccm Wasser einweichen
500 ccm Wasser erhitzen, die Tapioka mit Schneebesen einrühren, 20 - 30 Min sachte kochen bis sie glasig ist, dabei öfter umrühren, etwas Salz zufügen, auf 65 - 70° abkühlen, unter das Obst mischen, zugedeckt 10 Min durchziehen lassen. Als Geschmacksprobe 1 El voll kalt stellen, probieren: kalt schmeckt sie süßer als heiß.

Abschmecken süß - sauer mit Honig,
Dicksaft, wenn nötig mit Zitronensaft. In Glasschalen kalt stellen.

Zum Anrichten
150 - 200 g Sahne schlagen — wenn sie sehr steif ist, 2 El Honig hineinschlagen — hübsch verzieren. Oder Frischmilch bzw Schwedenmilch dazu reichen.

142

Abwandlung

Steht nur härteres Obst zur Verfügung, schneidet man es klein, erhitzt es mit den Trockenfrüchten und Gewürzen in etwas Wasser bis es mürbe ist und kocht die Tapioka mit entsprechend weniger Wasser, sonst wie vorher.

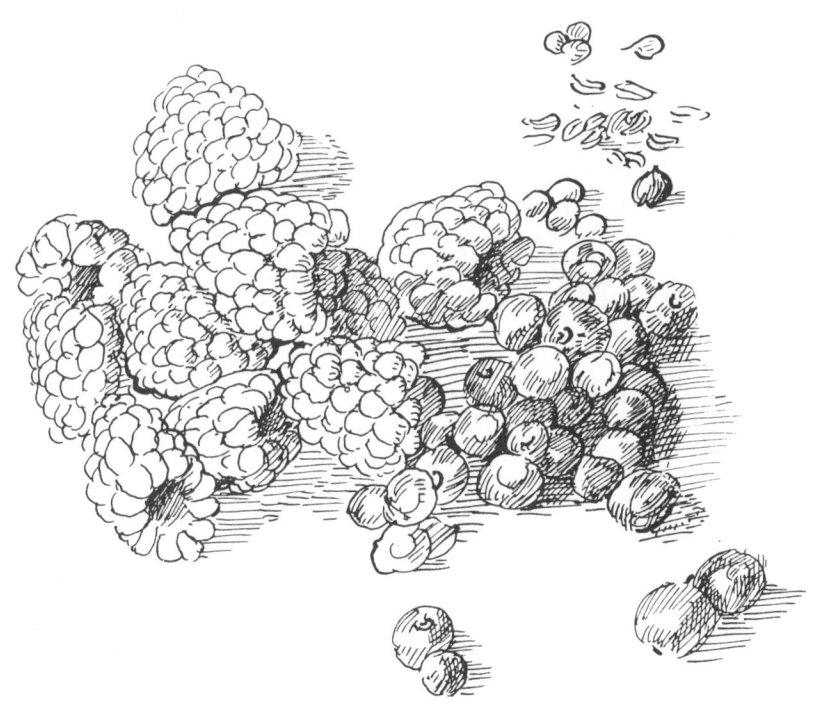

Rote Grütze
aus Sauerkirschen mit Vollgrieß
Zubereitung wie Rhabarberspeise s S 140

300-500 g Sauerkirschen mit Stein. Wer die Kirschen entsteinen will, kocht die Steine im Gewürztee aus.
Gewürze wie vorher, aber kein Zimt,
Nach Geschmack im Gewürztee
150 g Feigen mitkochen, oder 120 g Datteln mit
Korinthen einweichen und mit den vom Honig
durchzogenen Kirschen zum Grieß geben.

Abschmecken : salzen, evtl nachsüßen
mit Dicksaft, nachwürzen.

Anrichten : mit Schlagsahne oder
Frischmilch.

144

Rote Grütze mit Demeter-Grieß

oder Thermo-Gerstengrütze und Himbeeren, schwarzen und roten Johannisbeeren, Sauer-kirschen.
Abendessen für 5 oder Nachtisch für 10 Personen.

400-500 g Obst einige Stunden —über Nacht— durchziehen lassen mit reichlich Honig oder Birnendicksaft.

1 Ltr Gewürztee kochen:

150 g Feigen oder Datteln mit Gewürzen —ganze Körner—

1 Tl Anis   ½ Tl Fenchel   ½ Stg Vanille
½ Tl Koriander

in gut 500 ccm kaltem Wasser aufsetzen, 10 Min auskochen, abseihen, den Vorgang mit denselben Gewürzen und frischem Wasser wiederholen, auf 1 Ltr auffüllen
oder Datteln bzw einige Stunden eingeweichte Feigen mit **frisch gemahlenen** Gewürzen nur 1 x in gut 1 Ltr Wasser 10 Min auskochen, Datteln bzw Feigen klein schneiden, zuletzt zur Grütze geben.

100 g Vollgrieß oder 140 g Thermo-Gerstengrütze —wird Frisch-milch dazugereicht: 120 g bzw 180 g— 5-10 Min sachte darin kochen; 20-30 Min nachquellen —Wasserbad—leicht salzen.

40 g Korinthen einweichen; mit dem Obst auf dem Grieß bzw der Grütze garziehen lassen, alles mischen.

Abschmecken, anrichten mit

ca 150 g Schlagsahne oder Frischmilch.

Thermo-Gerstengrütze
mit Äpfeln
auch aus Rollgerste zu bereiten .

40 g Trocken-Aprikosen klein schneiden, in
100 ccm Wasser einweichen, lauwarm,
450 g Äpfel, am besten Boskop, waschen,
schälen —Schalen aufheben— in feine
Stifte schneiden, im Saft von
1 Zitrone wenden, mindestens ½ Std
durchziehen lassen mit

je 1 Tl Anis   Fenchel   Vanille
je ½ Tl Zimt   Koriander oder Ingwer
1 Mssp Nelke
1 - 2 El Honig oder Malzextrakt

450 ccm Apfelschalentee kochen   s. S 131

100 g Thermo-Gerstengrütze in den Tee rühren, 10 Min
sachte kochen, 30 Min in fast kochendem Wasserbad nachquellen, gleichzeitig
würzen wie oben für die Äpfel angegeben,
leicht salzen .
100 g Datteln kleingeschnitten, die Aprikosen mit dem
Einweichwasser, die gut gewürzten, mürben
Apfelstückchen auf die Grütze legen, ziehen lassen bis sie gar, aber noch knackig sind, erst dann
unterrühren. —Falls nur hartfleischige Äpfel
zur Verfügung stehen, müssen sie extra gedünstet und dann untergerührt werden.—

146

Abschmecken: leicht süß-sauer mit Apfeldicksaft, evtl Zitronensaft oder Molkosan, etwas Rübensirup, evtl nachwürzen.

Zum Abrunden:
5 El süße Sahne unterziehen, am besten als Schlagsahne.

Anrichten: warm mit Frischmilch, kalt auch mit Schwedenmilch oder Schlagsahne.

Buchweizengrütze
oder ganzer Buchweizen mit Äpfeln

Zubereitung: wie „Thermo-Gerstengrütze mit Äpfeln"
140 g Grütze oder ganzer Buchweizen mit Gewürzen 10 Min kochen in
500 ccm Flüssigkeit: Apfelschalentee mit dem Einweichwasser der Aprikosen.

Roter Malvengelee mit Äpfeln

Geliermittel Tapioka oder Agar-Agar.
Erfrischendes Abendessen an heißen Sommertagen
für 4-5 Personen oder Nachtisch für 8-10 Personen.

130 g Tapioka ½ Std kalt einweichen in
125 ccm Wasser
3 große Äpfel schälen — aromatische, mürbe Sorte —
in feine Stifte schneiden, in
3 El Zitronensaft wenden, mit
200 g Korinthen und folgenden Gewürzen vermischen,
20 Min durchziehen lassen:

 ¼ Tl Koriander   ½ Tl Vanille   ¼ Tl Zimt
2 El Honig oder Apfel-Birnendicksaft

Tee kochen

Apfelschalen und Kerngehäuse — möglichst noch
einige dazu — mit den gleichen Gewürzen wie oben
— aber ungemahlen — in
1400 ccm Wasser kalt aufsetzen, 15 Min auskochen,
4-5 El rote Malvenblüten (Hibiscus)*in den kochenden
Tee geben und die Schale einer Zitrone, dünn
abgeschält, 5-7 Min **ziehen** lassen — Kochen
verdirbt das Aroma — absieben, abmessen,
wenn nötig auffüllen auf 1300 ccm. Die eingeweichte Tapioka mit dem Schneebesen einrühren,
sachte kochen bis sie glasig ist: 20-30 Min, öfter
umrühren.
ca 12 Datteln sehr klein schneiden, zum Süßen hinzu —

geben mit etwas Salz . Die gewürzten Apfelstückchen hineinrühren , zugedeckt auf der Warmhalteplatte 20 Min ziehen lassen bis sie mürbe, aber noch knackig sind ; kaltstellen .

Abschmecken süß – sauer , süß mit
Apfel – Birnendicksaft oder Honig , sauer mit Zitronensaft oder Molkosan .
Als Gelier – und Geschmacksprobe 1 El voll auf einem Teller kaltstellen , probieren – kalt schmeckt er süßer als heiß – wenn nötig, nachwürzen . In Glasschalen kaltstellen bis er geliert .

Zum Anrichten
100 g Sahne schlagen – wenn sie sehr steif ist , 2 El Honig hineinschlagen – hübsch verzieren , oder Frischmilch , Schwedenmilch oder Vanillesoße dazu reichen .

Geliermittel Agar-Agar
13 – 14 g Agar-Agar kalt anrühren mit
125 ccm Wasser , sofort mit Schneebesen in den abgesiebten Tee rühren bei 70 – 100° ; es darf – aber muß nicht – kochen , gut durchrühren , nach einigen Minuten die Apfelstückchen unterrühren , weiter wie vorher .

* Hibiscus sabdariffa (für Tee zB von der Fa Salus)

Rote Apfelspeise
mit Demeter Grieß oder Tapioka
Verwendung von Rote Bete- und Apfelschalen.

400-500 g Äpfel —möglichst säuerlich— schälen, in feine Stifte
oder Scheibchen schneiden, wenden in

4 El Zitronensaft, mindestens ½ Std durchziehen lassen mit:

etwas Anis   Vanille   Zimt   1-2 El Honig
100 g Korinthen oder Datteln, klein geschnitten

110 g Grieß einrühren —oder 85g Tapioka ½ Std einweichen— in
200 ccm Wasser.

800 ccm Tee kochen:
100-120 g Apfelschalen mit Kerngehäusen und
100-120 g Rote Bete-Schalen (Abfall von einem Gemüsegericht)

 1 Tl Anis   1 Tl Koriander   6 Pimentkörner   4 Nelken
3 cm Zimtstange   3 cm Ingwerwurzel, zerschnitten,

in gut 400 ccm kaltem Wasser aufsetzen, 15 Min auskochen,
abseihen; den Vorgang mit frischem Wasser wiederholen;
auf 800 ccm auffüllen; Grieß —bzw Tapioka— mit dem
Schneebesen in den kochenden Tee rühren,
Grieß 5 Min kochen, 30 Min nachquellen,
Tapioka 20-30 Min unter Rühren kochen bis sie glasig ist;
leicht salzen, heiß über die Äpfel gießen, unterrühren.
Probe kalt abschmecken, evtl mit Dicksaft nachsüßen,
die Speise kalt stellen. Zum verzieren
100-200 g Sahne sehr steif schlagen, zuletzt Honig mitschlagen.
Will man statt Sahne Milch dazu reichen, nimmt man 120 g
Grieß bzw 90 g Tapioka, damit die Speise dicker wird.

Schichtspeise mit Sahnequark

Vollkornbrot, Sauerkirschen, Apfelmus oder anderem Obst.

250 g Vollkornbrot, hart getrocknet —am besten Honigsalzbrot
oder Pumpernickel—reiben, zB in einer elektrischen Nuß-
mühle, befeuchten —aber nicht einweichen— mit
10 -12 El Kirsch— oder Apfelsaft bzw Apfelschalentee, einige Zeit
durchziehen lassen mit Gewürzen:

etwas Salz   2 Tl Anis   1 Tl Fenchel   1 Tl Koriander
1/2 Tl Zimt   1/2 Tl Vanille   1 Mssp Kümmel
wahlweise je 1 Pr Nelke, Muskatblüte, Ingwer
1 El Demeter - Rübensirup

500 g Sauerkirschen oder anderes aromatisches Obst, frisch
oder gedünstet, bzw Fruchtmus, nach Geschmack mit
2 - 3 El Honig gut durchziehen lassen;
200 g Sahne sehr steif schlagen, zuletzt 2 El Honig mitschlagen,
400 g Quark cremig rühren mit
ca 8 El Milch, etwas Salz und der geschlagenen Sahne; als
Geschmacksprobe etwas von allen Zutaten mischen,
evtl nachwürzen, alles abwechselnd in dünnen Lagen
in eine Glasschale schichten, obenauf weiß.
Mit Obst, Walnußhälften oder
50 g Haselnüssen —grob gemahlen— verzieren, mindestens
2 - 3 Std durchziehen lassen, anrichten.
oder
500 g **Apfelmus** statt Sauerkirschen
Äpfel möglichst ohne Wasser kochen, würzen
wie oben; mischen mit
100 g Preiselbeeren, gedünstet und mit Honig gesüßt.

Hirse-Obstsalat

mit Obst der Jahreszeit *

100 g Hirse „locker kochen", d.h. in
3/4 Ltr kochendes Wasser schütten, 7–20 Min kochen, wenn sie
gar, aber noch körnig ist, abschütten, Wasser für Suppe
verwenden**, kalt abschrecken, abtropfen, sofort würzen mit

3/4 Tl Ingwer, frisch gerieben   3/4 Tl Koriander   Salz

mit 2 Gabeln locker mischen, ausdampfen, abkühlen.
100 g Korinthen mit warmem Hirsewasser gut bedeckt aufquellen lassen
1250 g Obst, Äpfel, Birnen, Zwetschen oder Pfirsiche usw, evtl schälen, klein schneiden, wenden in einem Gemisch von
1–2 El Zitronensaft
1/2 El Malzextrakt } gelöst in etwas Apfelsaft oder
1/2 El Honig   warmem Hirsewasser
mindestens 1/2 Std durchziehen lassen mit Gewürzen:

Anis Fenchel Vanille   etwas abgeriebene Zitronenschale

100 g Haselnüsse grob mahlen.
Alles mischen, evtl nachwürzen
50–100 g Schlagsahne unterziehen. Falls zu trocken, Apfelsaft zufügen. Besonders sättigend wird das Gericht, wenn man
300–500 g Quark mit Milch — bzw Schwedenmilch— cremig
rührt und unterzieht.

* Saures Obst, zB Johannisbeeren, muß einige Stunden
mit reichlich Honig oder Dicksaft durchziehen, evtl dabei
warm stellen, damit es Saft zieht.
** s. Rezept S. 62

152

Kleine Obstspeisen

Knusperflocken*
mit Quarksahnecreme,
Früchten oder flüssigem Obst

300-400 g frische Früchte —große zerkleinern— einige
    Stunden mit
ca 4 El Honig, evtl auch Gewürzen, durchziehen lassen.
ca 300 g Quark cremig rühren, mit dem Saft der Früchte
    oder wahlweise mit
    Ahornsirup, Dicksaft, Elixier, Sanddorn mit
    Honig
80-100 g Sahne sehr steif schlagen, nach Geschmack
    zuletzt etwas Honig und 1 Pr Salz hineinschla-
    gen, einen Teil unter den Quark ziehen, beides in
    Schälchen schichten, obenauf ein Sahnekrön-
    chen, umgeben mit
ca 100 g Knusperflocken.

   *   Demeter-Knusperflocken gibt es zZt aus Gerste und Weizen.

Gersten-Knusperflocken *
mit Pfirsichen
oder anderen Früchten, auch Trockenobst.

300-400 g Pfirsiche kurz in heißes Wasser legen, abziehen, in dünne Spalten schneiden, mischen mit
  2 El Zitronensaft
2-3 El Honig,   zum Würzen

 eine Spur Ingwer, frisch gerieben
oder Koriander und Anis

gut durchziehen lassen, bis sich reichlich Saft bildet
80-100 g Gersten-Knusper-Flocken vermischen mit
 80 g Haselnüssen –grob gemahlen–
80-100 g Sahne sehr steif schlagen, nach Geschmack
  der Früchte evtl. zuletzt
ca 1 El Honig hineinschlagen,
Früchte in Glasschälchen verteilen, Schlagsahne
und Flocken darüber anrichten, sofort verspeisen.
  * Demeter-Knusperflocken gibt es zZt aus Gerste und Weizen.

Brösel von Lebkuchen, Früchtebrot,
Vollkornplätzchen
befeuchten mit etwas Vanillemilch oder –soße, in Schälchen
schichten oder mischen mit gut abgeschmecktem Apfelmus
oder fein gestifelten rohen Äpfeln, gut durchzogen mit

Zitronensaft Honig Rübensirup
Anis Zimt Koriander

Verzieren mit Schlagsahne und Preiselbeeren.

Vollkorn-Zwieback
mit frischen Früchten oder Kompott

300-400 g Früchte; soweit erforderlich abziehen, bzw
    schälen, zerkleinern, in Zitronensaft wenden, evtl
    würzen und einige Stunden in
ca 4 El Honig durchziehen lassen
8-12 Vollkornzwiebäcke * mit
ca 200 ccm Obstsaft übergießen, kurz einziehen lassen,
    die Früchte darüber schichten
80-100 g Sahne sehr steif schlagen, nach Geschmack
    zuletzt
1-2 El Honig hineinschlagen, ein weißes Krönchen mit
    einer Nuß in der Mitte draufsetzen.

Roggenflocken, kernig und fest,
mit frischen Früchten

300-400 g Äpfel und Birnen stifteln, in Zitronensaft wen-
    den, gut durchziehen lassen mit
    Anis, Fenchel etwas Koriander oder Ingwer
    Zimt oder Vanille etwas Apfeldicksaft oder Sucanat
ca 4 El Honig sowie
80 g Korinthen oder Dattelstückchen
40 g Nüsse, grob hacken
100-200 g Roggenflocken; alles vermischen, verzieren mit
100-150 g Sahne sehr steif geschlagen, mit Honig gesüßt; oder
ca 1/2 Ltr Frischmilch bzw Schwedenmilch extra dazu reichen.

  * besonders herzhaften Demeter-Vollkornzwieback stellt
    zZt her: Großbäckerei und Konditorei Werz,
    792 Heidenheim / Brenz.

Bratäpfel

Besonders gut mit Vanillesoße.

Äpfel waschen, Kernhaus herausstechen
– für Apfeltee verwenden –
ca 40 g Haselnüsse mahlen
ca 40 g Korinthen lauwarm befeuchten zum Quellen,
beides mischen, fest in die ausgehöhlten Äpfel
stopfen, Äpfel in eine Auflaufform setzen,
Apfeltee oder Wasser 1 – 1½ cm hoch um die
Äpfel gießen, würzen mit

 Anis   sehr wenig Zimt   Zitronenschale
Vanille   Äpfel und Wasser mit etwas Apfel-
dicksaft beträufeln ∗.

Bei 220 – 200° in geschlossener Form 20-40 Min
backen bis die Äpfel etwas platzen; aber nicht
Mus werden lassen!

∗ Nicht mit Butterflöckchen belegen, das gibt leicht Sodbrennen.

Dunstäpfel,   Auch auf
Haupgerichten zu garen.

4 - 8 Äpfel waschen, Kernhaus ausstechen, für Apfeltee verwenden, füllen mit
ca 4 El Preiselbeeren mit Honig gesüßt. Dünsten in
Turmdünster, Bekafit-Einhängschüssel oder
Chromargantopf mit dickem Boden bei schwacher
Hitze in wenig Apfeltee oder Wasser, würzen
und süßen wie oben.

Kompotte

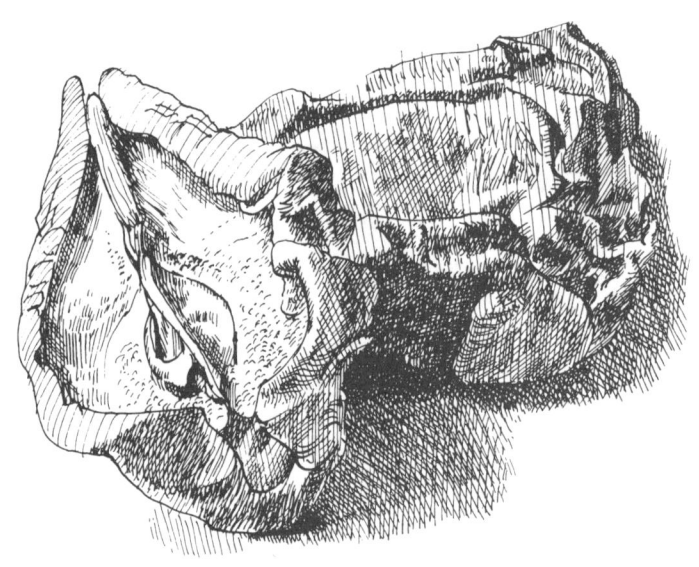

Rhabarberspeise ungekocht
besonders leicht, mild und süß

450 g rotstieligen Rhabarber waschen, nicht abziehen,
längs und quer sehr fein schneiden, nach Geschmack
ca 120 g Honig oder Sucanat
1/2 TL Anis
100 g Korinthen
gut vermischen, zugedeckt über Nacht durchziehen lassen,
100 g Sahne sehr steif schlagen −1 Pr Salz, einige Tropfen Zitronensaft, zuletzt 1 El Honig mitschlagen−
Den Rhabarber in Schälchen füllen, mit einem
Sahnekrönchen schmücken, mit Knusperflocken
oder grob gehackten Nüssen umkränzen.

Dörrobstkompott ungekocht

150 g Mischobst −Äpfel, Birnen, Aprikosen, Zwetschen mit
Stein, einige Feigen oder Datteln− 24−32 Std **einweichen**, bis sich die Zwetschen vom Stein lösen
lassen, in etwa
500 ccm Wasser, lauwarm. Der entstehende Saft läßt sich
gut mit Apfeltee strecken.
Abschmecken mit etwas Zitronensaft, evtl
Apfeldicksaft oder Honig.
Ungebunden schmeckt das Kompott am besten und
reinsten. Wer auf eine Bindung nicht verzichten
will, verwende Agar-Agar und erhitze dabei nur
die Hälfte des Saftes auf 60−70° −sS 128 −.

Rhabarberkompott
ohne Zucker

Rotstieliger Rhabarber ist süßer und sieht schöner aus.

1 kg Rhabarber waschen, nicht abziehen, längs und quer recht klein schneiden; behutsam würzen und süßen:

1 Tl Anis   ½ Tl Fenchel   1 gestr Tl Vanille
ein wenig Zitronenschale   ½ Tl Ingwer, frisch
gerieben oder Koriander   1 Pr Muskatblüte
oder Nelke   alles gemahlen

2-6 El Apfel-Birnendicksaft oder
       —wenn abgekühlt— Honig,
300 g Feigen oder Datteln klein schneiden, bzw Korin-
       then oder Rosinen verwenden, einweichen, dazu
       evtl etwas Malzextrakt oder Demeter Rübensirup.
       Der Eigengeschmack des Rhabarbers wird am
       wenigsten überdeckt durch einen milden Honig von
       Akazien, Linden oder Klee, sowie durch Birnen-
       oder Apfeldicksaft.
       Mindestens 2 Std zugedeckt durchziehen lassen,
       z B auf einem Topf mit heißem Wasser. Danach im
       eigenen Saft oder mit wenig Wasser überbrüht
       eben bis zum Kochen bringen und garziehen
       lassen —am besten in einem Topf zum „wasser-
       armen Garen". Damit der Rhabarber nicht zerfällt,
       öfter umschütteln, anstatt zu rühren.
       Kleine Probe kalt stellen, abschmecken, evtl
       nachwürzen; soll lieblich schmecken und duften.

Abwandlung
Saftreiches Rhabarberkompott
ohne Zucker

1 Ltr Gewürztee kochen wie auf S 145.

1 kg Rhabarber waschen, nicht abziehen, längs und quer in kleine Stücke schneiden; im Gewürztee kurz aufkochen und zugedeckt etwas ziehen lassen, soll nicht zerfallen.
Süßen nach Geschmack mit
ca 100 g Rosinen, den abgeseihten Datteln bzw Feigen, klein geschnitten, evtl nachsüßen mit Apfel-Birnendicksaft, Demeter Rübensirup —zurückhaltend—, Malzextrakt oder abgekühlt mit Honig.

Der Kalk im Wasser bindet beim Kochen einen Teil der Oxalsäure des Rhabarbers.

Apfelmus

Auch aus unreifen Falläpfeln läßt sich ein
gutes Apfelmus kochen :
ca 1 kg Falläpfel klein schneiden,
weich kochen mit
¼ Ltr Wasser und
300 - 400 g Feigen
ohne Stiel sowie
Gewürzen :

3 Sternanis
1 Tl Fenchel
½ Tl Koriander
1 Stg Vanille
1 Stg Zimt
1 Ingwer, zerschnitten
Zitronenschale

Durch den Wolf drehen — feine Scheibe —
nachsüßen wahlweise mit
etwas Demeter-Rübensirup, Honig,
Sucanat, Apfeldicksaft.

Müssen große Mengen Fallobst verwertet
werden, kann man auch als Wintervorrat
Apfelmus einkochen; mit Sirup-Aroma ist es
eine gute Ergänzung zu Getreidegerichten mit
Milch, zu Flocken, zu Brotspeisen, als Brot-
und Kuchenbelag. Auf Gelee kann man
dann verzichten.

Kürbisschaum

Nachtisch für 6-8 Personen.
Wohlschmeckende Sorte zB „Gelber Zentner".

500 g Kürbisfleisch klein schneiden, weichdämpfen mit
4 El Apfelsaft; gegen Ende der Kochzeit würzen :

2 Mssp Zitronenschale, dünn abgerieben ½ Tl Koriander
1 Tl Anis 1 Tl Ingwer, frisch gerieben ½ Tl Zimt
1 Tl Vanille   2 Mssp Salz

Kürbis passieren, kalt stellen,
1-2 Äpfel – aromatische Sorte – fein reiben, mit
4 El Zitronensaft und dem Kürbis mischen
200 g Sahne sehr steif schlagen, zuletzt wahlweise
1-2 El Honig und
4-5 El Ahornsirup hineinschlagen oder
gut 1 El Demeter-Rübensirup und 1-2 El Honig.
Alles mischen, abschmecken.
Anrichten mit grob gemahlenen Kürbiskernen
(getrocknet käuflich als olivegrüne Kerne) oder mit
Mandeln.

Ingwer-Birnen

Reife rohe Birnen nach Belieben mit oder ohne Schale
in feine Scheibchen schneiden, in reichlich Zitronensaft wenden, mit reichlich frisch geriebenem Ingwer,
ein wenig Vanille und viel Honig mischen; einige
Stunden durziehen lassen, abschmecken.
Anrichten evtl. mit Knusperflocken, Hirsemakronen oder Schlagsahne.

Getreidegerichte mit Milch

Sämige Suppen,
Breigerichte,
Cremes,
Müsli

Sämige Suppen sind beliebt als Hauptgericht zum Frühstück oder Abendessen. Dafür müssen sie gehaltvoller und reichhaltiger sein als Suppen vor dem Mittagessen. Die Rezepte ergeben für 4 Personen ca 1¼ Ltr Brei, aber nur 1 Ltr sämige Suppe, weil Suppen meist durch Zugabe von Brot oder knusprigen Beilagen ergänzt werden.

Zum Frühstück

werden herzhafte oder nur schwach gesüßte, aber gehaltvolle Gerichte bevorzugt; entsprechend gewürzt wirken sie belebend und anregend.

Zum Abendessen

werden — insbesondere auch von Kindern und älteren Menschen — leichte, süße Gerichte geschätzt. Mit den vorgeschlagenen Gewürzen und Zutaten durchwärmen und harmonisieren sie.
Diese Zuordnung: Morgens gehaltvoll, vorwiegend herzhaft, abends leicht verdaulich und süß, entspricht dem Tagesrhythmus der Lebertätigkeit. *
Die folgenden Ausführungen sollen auch dazu anregen, auf Grund der Tabelle für Breie, sämige Suppen und Cremes eigene Rezepte auszuprobieren

* s. Udo Renzenbrink: Ernährung unserer Kinder, Verlag Freies Geistesleben, Stuttgart 1979

Milch in Getreidegerichten

Die Milch ist eines der empfindlichsten Nahrungsmittel.
Durch Erhitzen über 37 - 40° —Körpertemperatur—
verliert sie zunehmend an Wert und Aroma; Enzyme
und Bakterien —auch günstig wirkende— sterben nach
und nach ab.
Nach gutem alten Volksbrauch garte man früher das
Getreide nur in Wasser und reichte rohe Milch extra vor-
oder nachher. Das hatte außerdem den Vorteil, daß ein
steifer Getreidebrei gründlicher gekaut und eingespeichelt
wurde. (S. Anni Gamerith: Ehrfurcht vor Korn und Brot.)
Mit Milch allein sollte man ein Getreidegericht niemals
kochen. Durch den langen Kochprozeß leidet die Milch,
das Gericht wird zu konzentriert und schwer verdaulich.

Am besten rührt man das Getreide —Schrot, Grüt-
ze, Flocken— zuerst mit Wasser an, oder weicht es darin
ein. Bei Flocken, Thermogrütze und —mehl ist das Einweichen —zum Aufschließen der Mineralstoffverbindungen—
nicht nötig, da diese Produkte schon vorbehandelt sind.
Das Einweichen verkürzt aber die Garzeit.
Man kocht das Getreide laut Rezept solange unter Rühren
nur in Wasser, bis ein dicker Brei entstanden ist und hängt
den Topf in fast kochendes Wasser —Wasserbad—, wo der
Brei 20 - 30 Min nachquellen kann ohne anzusetzen.
Die zum guten Ausquellen noch erforderliche Milch wird
möglichst roh —aber möglichst nicht unter 10°— nach und
nach eingerührt. Dabei muß die Wärmezufuhr verringert,
die Hitze gedrosselt werden. Auf diese Weise bewahrt man
eine Temperatur von 60 - 65°, bei der das Getreide in
10 - 30° Min gut ausquellen kann.

Oder man erhitzt die Milch extra in einem Topf auf höchstens 60°, rührt sie ein und läßt bei schwächster Wärme nachquellen. Dies gilt besonders für Gerichte mit viel Milch oder rohem Obst, wenn Gerinnungsgefahr besteht, auch bei nicht ganz frischer Milch, Gewitterschwüle usw. Bei Temperaturen unter 40° sind in frischer Milch noch Enzyme wirksam, die einen gedichten Getreidebrei geringfügig auflösen können; das bedeutet für die Praxis: frische unerhitzte Milch verdünnt einen Brei etwas mehr als gekochte.

Wie läßt sich die Temperatur prüfen?

Am sichersten selbstverständlich mit einem Sekowa-Thermometer vom Brotbacken oder Einkochen, ohne Thermometer mit Hilfe einiger Faustregeln:

37-40°	ist Körpertemperatur, man kann den Finger lange darin halten.
50°	man kann den Finger einige Minuten darin halten man trinkt heißen Tee meist schon bei 50° –leider!–
60-65°	man kann den Finger nur 3-4 Sekunden darin halten
70°	man kann den Finger etwa 1 Sekunde darin halten
100°	man kann den Finger nur kurz einstippen, zB um den Salzgehalt des Kochwassers für Klöße zu prüfen.

Die Milch vom Demeter-Hof wird lt Verordnung für den Handel 30-40 Sekunden auf 71° erhitzt (pasteurisiert).

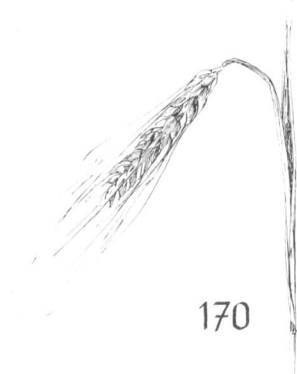

Zum Würzen herzhafter Gerichte

eignen sich wahlweise :
Zitronenthymian mit etwas Thymian und Salbei ;
Estragon ; Liebstöckel mit etwas Salbei ; Curcuma ;
Kümmel mit Fenchel und Koriander ;
Basilikum mit Dost, etwas Majoran und Thymian ;
Brennessel allein oder mit Borretsch und Petersilie ;
Pimpernell (Wiesenknopf) mit Zitronenmelisse und Salbei ;
Rosmarin mit Zitronenmelisse .

Zum Würzen süßer Gerichte

eignen sich wahlweise :
reichlich :   Anis, Fenchel, Süßdolde, Zitronen-
                         melisse, Zitronenthymian,
etwas sparsamer : Koriander, Ingwer, Zimt, Vanille,
                         Zimtblüte, dünn abgeriebene Schale
                         von naturbelassenen Zitronen oder
                         Orangen,
zurückhaltend : Kümmel, Muskatblüte, Curcuma,
                         Kardamom.

                         Alle gemahlen verwenden !
                         Zimtblüte aber schmeckt nur ungemah-
                         len, wird mitgekocht.

Stehen nur ungemahlene Gewürze zur Verfügung, so kocht
man daraus bei langsamer Erwärmung starken Tee ;
am besten weicht man Samen und Wurzeln (Ingwer)
5 - 10 Std vorher ein und kocht nur kurz auf.
Abgeseiht dient dieser Tee als
gewürztes Kochwasser für das Getreidegericht.

Süßen und Aromatisieren
mit vollwertigen Süßungsmitteln *

Es eignen sich zum Süßen :
Sucanat Vollrohrzucker, der im Gegensatz zum üblichen kristallisierten weißen und braunen Rohrzucker die gesamte Melasse enthält, er stammt aus naturgemäßem Anbau, ist unraffiniert und ohne Zusätze und zeichnet sich durch einen feinen malzartigen Geschmack aus; **

Dicksäfte aus Äpfeln, säuerlich – süß; Birnen, süß-säuerlich; Zuckerahorn, mit besonders feinem vanilleartigen Aroma ; Sanddorn, mit Honig gesüßt, fruchtig;

Trockenfrüchte , ungeschwefelt; möglichst aus naturgemäßem Anbau: Datteln, Feigen, Rosinen, Sultaninen, Korinthen; schwach süßend aber aromatisch: getrocknete Birnen und Zwetschen;
sauer-süß, stark aromatisch : Aprikosen.
Ähnlich wie gewürztes Kochwasser läßt sich auch gewürztes,

gesüßtes Kochwasser bereiten : Feigen 24 Std in kaltem Wasser ausziehen lassen, evtl auch auskochen .
Dies helle Wasser eignet sich als Kochwasser für eine helle Creme oder Soße aus Reis-, Hirse- oder Maisfeinschrot.
Die Feigen können zerschnitten oder passiert dann noch beliebig verwendet werden. Datteln süßen das Kochwasser schneller, färben es aber dunkler. Die entsprechenden Gewürze evtl in einem Mullbeutelchen mitkochen, dann herausnehmen .

Demeter-Malzextrakt und -Rübensirup –

beide mit intensivem Eigengeschmack und starker Süßkraft – darf man nicht direkt in Getreidespeisen einrühren; für sie gilt das nachfolgend vom Honig Gesagte, man sollte sie erst kurz vor dem Verzehr darüber verteilen.

Bienenhonig, das edelste Süßungsmittel, verliert bei

Temperaturen über 37-40° wertvolle Fermente, deshalb sollte man ihn nur für kalte oder auf 37° abgekühlte Speisen verwenden, einige spezielle Backwaren ausgenommen. Achtung: man muß damit rechnen,

daß Honig Getreidespeisen verflüssigt, aus Brei

wird Suppe. Der Honig enthält Fermente – in Spuren auch Säuren –, die Stärkebindungen wieder auflösen können. Deshalb kann man Getreidespeisen erst mit Honig süßen nachdem er sich innig verbunden hat ✱✱✱

a)
mit **Obst** bzw dessen Mineralstoffen und Säuren: Das Obst muß einige Stunden gut mit Honig durchziehen, anschließend kann man die kalte Getreidespeise – Creme – darübergießen; heißen Brei und Obst bringt man ohnehin getrennt auf den Tisch und mischt es erst auf dem Teller.

b)
mit **Schlagsahne**: man schlägt ihn erst zuletzt in die schon sehr steife Sahne, die man dann unter die Speise – Creme – hebt.

✱   Erhältlich in Naturkostläden bzw Reformhäusern.
✱✱   Literatur darüber: M.H.Béguin: „Gute Zähne...".
✱✱✱ Ob Gerste hier eine Ausnahme macht, ist noch nicht geklärt.

Was paßt dazu ?

Zu süßem Brei : rohes und gedünstetes Obst, auch
Dörrobst 24 Std eingeweicht, nicht gekocht, Fruchtmus,
Obstsaft, vorgequollene Rosinen, kleingeschnittene Datteln.

Zu süßem und zu herzhaftem Brei : Milch,
Sauermilch, Sahne ; zum Überstreuen grob geraffelte Nüsse,
Mandeln, gerösteter Sesam, gequetschter Leinsamen.

Zu sämigen Suppen und Cremes sind außer-
dem knusprige Beilagen sehr beliebt.

Alle „Getreidegerichte mit Milch" können zu einer vollstän-
digen sättigenden Mahlzeit — Frühstück, Abendessen —
ergänzt werden durch :
Knabberbrot, Fladenbrot, Kümmelschnitten oder auch
Vollkornbrot -brötchen, bestrichen mit Kräuterquark,
Rahmkäse, Nuß- bzw Mandelmus oder süßem Aufstrich:
Honig, Fruchtmus, Demeter-Rübensirup, — Malzextrakt,
Apfel-, Birnenkraut aus biologischem Anbau, Nußmix,
Aprikosen- oder Dattelnußpaste, Sesamhonig, sowie
Carob aus Johannisbrot, ein nahrhafter Ersatz für
Kakao, am besten mit Honig vermischt.
Etwas ganz besonderes ist zB für die Adventszeit ein
großer Lebkuchen ✳ oder ein Stück Früchtebrot ✳   zu
einer Weizen-, Hafer- oder Gerstenschrotsuppe mit
Sanddorn.

✳   Rezepte mit Backferment im vorgesehenen 2. Band.

Ein Vorschlag zur Zeiteinteilung
für die Zubereitung
warmer Frühstücksgerichte :

Morgens oder mittags: Getreide ganz oder frisch geschrotet
einweichen, s. Tabelle.

Abends : in Wasser kochen, heiß in das mit kochendem
Wasser vorgewärmte Thermosgefäß füllen, oder
den Topf in einer Kochkiste bzw Wolldecke
warmhalten.

Morgens: falls erforderlich, im Wasserbad erhitzen, warme Milch zufügen, evtl nachwürzen, abrunden,
hübsch anrichten.

Einfacher geht es mit folgenden Getreiden, die nicht
eingeweicht werden: Buchweizen, Grünkerngrütze, Thermogrützen und –mehle,
alle Flocken, Hirse.

Abends : mit Gewürzen vermischt in ein mit kochendem
Wasser vorgewärmtes Thermosgefäß schütten,
sofort die erforderliche Menge kochendes Wasser
darüber gießen, rasch fest verschließen.

Morgens: mit warmer Milch anrichten wie zuvor
angegeben.

Hübsches Anrichten

macht den farblosen Getreidebrei oder die Creme verlockender. Man kann mit Curcuma maisgelb färben, sowohl einen herzhaften als auch – besonders wohlschmeckend – einen mit Datteln gesüßten Brei. Wichtig ist auch, daß für Nachzügler der Brei noch heiß, bzw. die Creme noch kalt ist und alles appetitlich aussieht. *

Der unscheinbare Getreidebrei sollte möglichst in Suppenschälchen oder -tellern angerichtet werden, überstreut mit grob gehackten Nüssen, weißen Mandelsplittern, oder verziert mit einem Farbtupf von roten Beeren.

Auch weiß umrandet von Sahne oder Milch sieht er einladender aus; zuguterletzt läßt sich mit Rübensirup, Malzextrakt oder Elixier ein lustiger Kringel, Stern oder Namenszug auf jeden Breiteller zeichnen.

Kinder freuen sich, wenn sie mit weißen Mandeln und Rosinen ein Gesicht auf ihren Brei legen dürfen; inzwischen raffelt Mutter Äpfel und legt damit „Locken" ums Gesicht! Für Cremes und andere kalte Süßspeisen ist hübsches Anrichten ja ohnehin üblich.

*   Häufig ein Problem in der Gemeinschaftsverpflegung!

Sämige Suppen

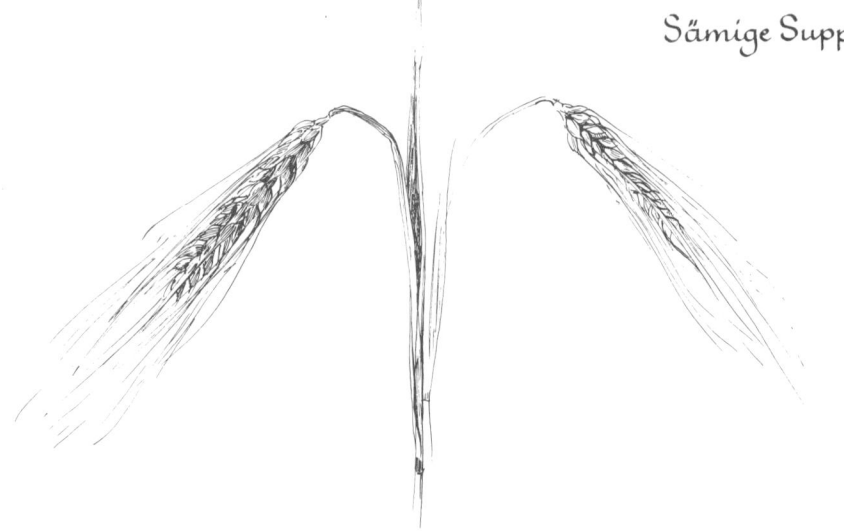

Gerstenschrot-Suppe

mit Milch, herzhaft   ca 1 Ltr
7 Vorschläge zum Würzen mit verschiedenen Kräutern.

Vorbereitung
85 g Gerstenfeinschrot mindestens
eine, am besten 10 Std in
200 ccm Wasser einweichen.

Zubereitung
400 ccm Wasser erhitzen, das Schrot 15 Min sachte darin
kochen, öfter umrühren. Den Topf in ein sehr heißes,
nicht kochendes Wasserbad hängen. Von
600 ccm Milch nach und nach etwa 1/3 einrühren; so kann
das Schrot 20 Min bei 60-70° ausquellen, ohne die
Milch zu überhitzen. Gleichzeitig die getrockneten
Gewürze fein gemahlen zufügen, frische Kräuter
erst zuletzt kurz durchziehen lassen.

Die Grundlage für alle folgenden Würzvorschläge ist:

etwas Kümmel   Fenchel   Salz

dazu nach Wahl:

1. Ingwer   Koriander

2. Cuccuma   Salbei

3. Liebstöckel   Sellerieblatt

4. Bohnenkraut   Basilikum

5. Estragon   Schnittlauch

6. Zitronenthymian, –melisse   Salbei
   Brennessel

7. Thymian   Majoran   Basilikum

Den Rest der Milch auf etwa 50° erwärmt zufügen, die frischen Kräuter hacken und mit durchziehen lassen.

Zum Abrunden

3-4 El süße Sahne; abschmecken.

Weizenschrot-Suppe, süß
für 4–5 Personen

Vorbereitung
120-130 g Weizenfeinschrot mindestens
eine, am besten 10 Std in
200 ccm Wasser einweichen.

Zubereitung
300 ccm Wasser erhitzen, das Schrot 15 Min sachte
darin kochen, öfter umrühren. Den Topf in ein
sehr heißes, nicht kochendes Wasserbad
hängen. Etwa 1/3 von
700 ccm Milch —nicht zu kalt — nach und nach einrühren;
so kann das Schrot 20 Min bei 60-70° ausquellen,
ohne die Milch zu überhitzen.
Gleichzeitig würzen mit:

gut 1/2 Tl Anis   1/2 Tl Fenchel   1/4 Tl Koriander
Zitronenschale nat, dünn abgerieben
evtl 2 Mssp Ingwer   etwas Salz

Den Rest der Milch auf etwa 50° erwärmt zufügen
aromatisieren und süßen mit
6-8 El Sanddorn — mit Honig gesüßt — oder einem anderen aromareichen Elixier oder Dicksaft; etwas durchziehen lassen, abschmecken, evtl nachwürzen.

Weitere Vorschläge zum Würzen:
1. Zitronen- oder Orangenschale natur   Zitronenthymian   Zitronenmelisse

½ Tl frisch geriebenen Ingwer   etwas Salz

2. Zitronenthymian   Salbei   etwas Salz

3. Salz   geröstete feingeriebene Haselnüsse oder
Mandeln   Zitronenschale oder Schale von
Grapefruit natur

Diese Suppe ist auch mit Thermomehl sehr
schmackhaft.

Hafer-Suppe

mit Korinthen , süß   ca 1 Ltr
aus Haferflocken oder Feinschrot
von gedarrtem Hafer .

 60 g feine Haferflocken oder Feinschrot mit
250 ccm Wasser anrühren, möglichst 10 Std einweichen
750 ccm Wasser erhitzen, Flocken, bzw Schrot
       20 Min sachte darin kochen,
       öfter umrühren . Zuletzt
120 g Korinthen zufügen und Gewürze :

etwas abgeriebene Zitronenschale
Anis   Salz

1/2 - 2 Std nachquellen lassen .

Zum Abrunden
 5 El süße Sahne; abschmecken , evtl nachsüßen mit
       Birnen - oder Apfeldicksaft oder Fruchtmus von
       Datteln bzw Feigen .

Abwandlung   mit Milch statt Sahne
350 ccm Wasser erhitzen, eingeweichte Flocken
       — bzw Schrot — 30 Min sachte darin kochen
400 ccm Milch erwärmen — möglichst auf 50 - 70° —
       zufügen, sowie Korinthen und Gewürze ;
       nur 1/2 Std nachquellen lassen .
Zum Abrunden   etwas Butter .

Thermo-Roggenmehl-Suppe
mit Dörrobst , süß   ca 1 Ltr

Vorbereitung
90 g Dörrobst — Zwetschen , Birnen ,
Aprikosen , Äpfel gemischt — in
500 ccm Wasser , lauwarm , 12-24 Std
einweichen .

Zubereitung
80 g Thermo-Roggenmehl mit etwas
kaltem Wasser anrühren , in
300 ccm kochendes Wasser einrühren , 10 Min
sachte kochen — öfter umrühren —
würzen mit

je ¼ Tl Anis   Fenchel   Koriander   Vanille
ca ⅓ Tl Meersalz   je 1 Löffelspitze Zimt
und Kümmel   1 Pr Nelke oder Muskatblüte

30 Min nachquellen . Das Dörrobst auf einem
Sieb abtropfen lassen , klein schneiden , ebenso
einige Datteln oder Feigen , beides im Einweichwasser erwärmen — nicht kochen — in die
Suppe geben , mindestens 10 Min durchziehen lassen
200-400 ccm Milch* erwärmen — auf 50-70° — zufügen .

Abschmecken leicht süß-sauer mit
ca 1 El Demeter-Rübensirup , evtl Apfeldicksaft , Zitronensaft .

Zum Abrunden
1-2 El süße Sahne , nochmals abschmecken evtl nachsalzen .
   * Im Sommer auch kalt mit Dickmilch oder Schwedenmilch

183

Rollgersten-Suppe (Graupen)

mit Dörrobst, süß   ca 1 Ltr

Vorbereitung

160 g Dörrobst, gemischt —oder nur Zwetschen— in

500 ccm Wasser —lauwarm— 12-24 Std einweichen

65 g Rollgerste, grobe oder feine, mindestens eine, am besten 10 Std in

600 ccm Wasser einweichen.

Zubereitung

Rollgerste im Einweichwasser aufsetzen mit:

ca 2 Nelken   1 Sternanis   etwa 2 cm Ingwerwurzel, mehrfach einschneiden   1 Stück Zimtstange   ¼ Tl Koriander

½ Std sachte kochen, salzen, ½-1 Std nachquellen, Gewürze herausnehmen. Dörrobst klein schneiden, im Einweichwasser erwärmen, unter die Gerste mischen, ½ Std durchziehen lassen, evtl nachwürzen mit Gewürzen wie oben angegeben, aber gemahlen; nicht mehr kochen.

200-300 ccm Milch erwärmen* —möglichst auf 50-70°— und die Suppe damit beliebig verdünnen.

Abschmecken evtl mit Demeter-Rübensirup, Honig, Apfeldicksaft oder Zitronensaft.

Zum Abrunden

2-3 El süße Sahne; nochmals abschmecken.

  * Im Sommer auch kalt mit Schwedenmilch oder Dickmilch

Rollgersten-Suppe (Graupen)

mit frischem Obst, süß   ca 1 Ltr
Abwandlungen auch für Schonkost.

55 g feine Rollgerste 1/2 Std oder länger in
200 ccm Wasser einweichen
800 ccm Wasser erhitzen, die Rollgerste 15 Min
     sachte darin kochen mit Gewürzen:

ca 1-2 cm Ingwerwurzel, mehrfach
einschneiden oder fein reiben   1/2 Tl Koriander
je 1 Tl Anis und Fenchel   1/3 Tl Zimt
etwas Zitronenschale   Vanille   Salz

120 g Sultaninen oder Korinthen zufügen.
150 g Obst: wahlweise Zwetschen, Äpfel, Pfirsiche, Quit-
     ten, Aprikosen, Birnen, schälen, in Stückchen
     schneiden, mit Zitronensaft und Gewürzen — wie
     oben angegeben— vermischen, 1/2 Std durch-
     ziehen lassen. Danach in der Suppe ziehen lassen
     bis sie mürbe sind. Evtl nachsüßen mit Dicksaft.

Zum Abrunden
150 g süße Sahne oder etwas Butter, abschmecken.

Abwandlung I   Obst weglassen, mit
einem Elixier aromatisieren.

Abwandlung II   auch für Schonkost:
würzen nur mit Anis, Fenchel und etwas Salz;
evtl Heidelbeer- oder Quittensaft dazufügen.

Brot-Suppe
mit Milch und Dörrzwetschen, süß   ca 1 Ltr

Vorbereitung
120-150 g Dörrzwetschen 12-24 Std in
350 ccm Wasser   lauwarm einweichen
120   g Vollkornbrot-Reste —von sehr
        hart getrockneten nur 80g— in
300 ccm Wasser mit einem Teller beschwert einige Stunden
        einweichen, zwischendurch umwenden.

Zubereitung
Zwetschen im Sieb abtropfen lassen, das durchweich-
te Brot zerstampfen oder mit der Hand zerkrümeln.
Einweichwasser von Zwetschen und Brot auffüllen
auf 500 ccm, kurz aufkochen mit Gewürzen:

je 1/3 Tl Anis   Fenchel   Kümmel
1/4 Tl Koriander   1 Pr Nelken   etwas abgeriebene
Zitronen- oder Orangenschale   evtl Zimt
1/2 Tl Ingwer frisch gerieben   Salz

Die Zwetschen entsteinen, durch ein Drahtsieb
drücken, evtl anschließend auch das Brot, beides in
das gewürzte Einweichwasser rühren;
ca 500 ccm Milch erwärmen —möglichst auf 50-70°—
        zufügen, nachwürzen: besonders Kümmel gibt
        ein herzhaftes Aroma, sollte aber nicht vor-
        schmecken. Wenn nötig, mit Milch oder Einweich-
        wasser verdünnen und nachsüßen mit
    1 Tl Rübensirup   zum Abrunden:
50-100g süße Sahne, abschmecken.

Brot-Suppe

mit gerösteten Bröckchen, süß   ca 1 Ltr
am besten aus gut gewürztem altbackenen Roggenbrot.

200 g altbackenes Brot in 1 cm dicke Würfel schneiden, im
       lauwarmen Backofen oder auf dem Heizkörper trocknen.
 40 g Butterschmalz in breitem Topf zergehen lassen, Bröck-
       chen darin behutsam knusprig rösten.
250 ccm Wasser 5 - 10 Min kochen mit Gewürzen:

 Anis   Fenchel   Koriander   Kümmel   Salz
       evtl etwas Zimt und Zitronenschale
       Die Menge der Gewürze hängt ab vom Aroma des Brotes.

       Das gewürzte Wasser über die Bröckchen gießen,
 70 g Rosinen oder Korinthen darin ausquellen lassen
750 ccm Milch erwärmen — möglichst nicht über 70° —
       zufügen.
       Evtl nachsüßen und aromatisieren wahlweise mit
       Honig, Demeter-Malzextrakt oder —Rübensirup,
       einem Elixier * wie Hagebutte, Preiselbeere, Schlehe,
       Sanddorn, Aprikose; abschmecken.

* von Weleda oder Wala

187

Buchweizen-Suppe

mit Dörrobst, süß   ca 1 Ltr

Vorbereitung

160 g Dörrobst —Zwetschen, Birnen, Aprikosen,
Äpfel gemischt —   in
500 ccm Wasser —lauwarm— 12-24 Std einweichen.

Zubereitung

60 g Buchweizengrütze in
500 ccm Wasser 10 Min sachte kochen. Das Dörrobst klein
schneiden, im Einweichwasser erwärmen,
zufügen mit Gewürzen:

je 1 Tl Anis und Fenchel   1 Mssp Kümmel
1/2 Tl Koriander   etwas Zimt   3/4 Tl Vanille
je 1 Pr Nelke und Muskatblüte   Salz

Alles 20 Min nachquellen lassen, nicht mehr kochen.
300-400 ccm Milch erwärmen* —möglichst auf 50-70°—
die Suppe damit beliebig verdünnen
1-2 El süße Sahne zufügen.

Abschmecken

leicht süß-sauer mit Apfeldicksaft, Zitronensaft
Demeter-Rübensirup; evtl nachwürzen.

* Im Sommer auch kalt mit Dickmilch oder Schwedenmilch

189

Breigerichte

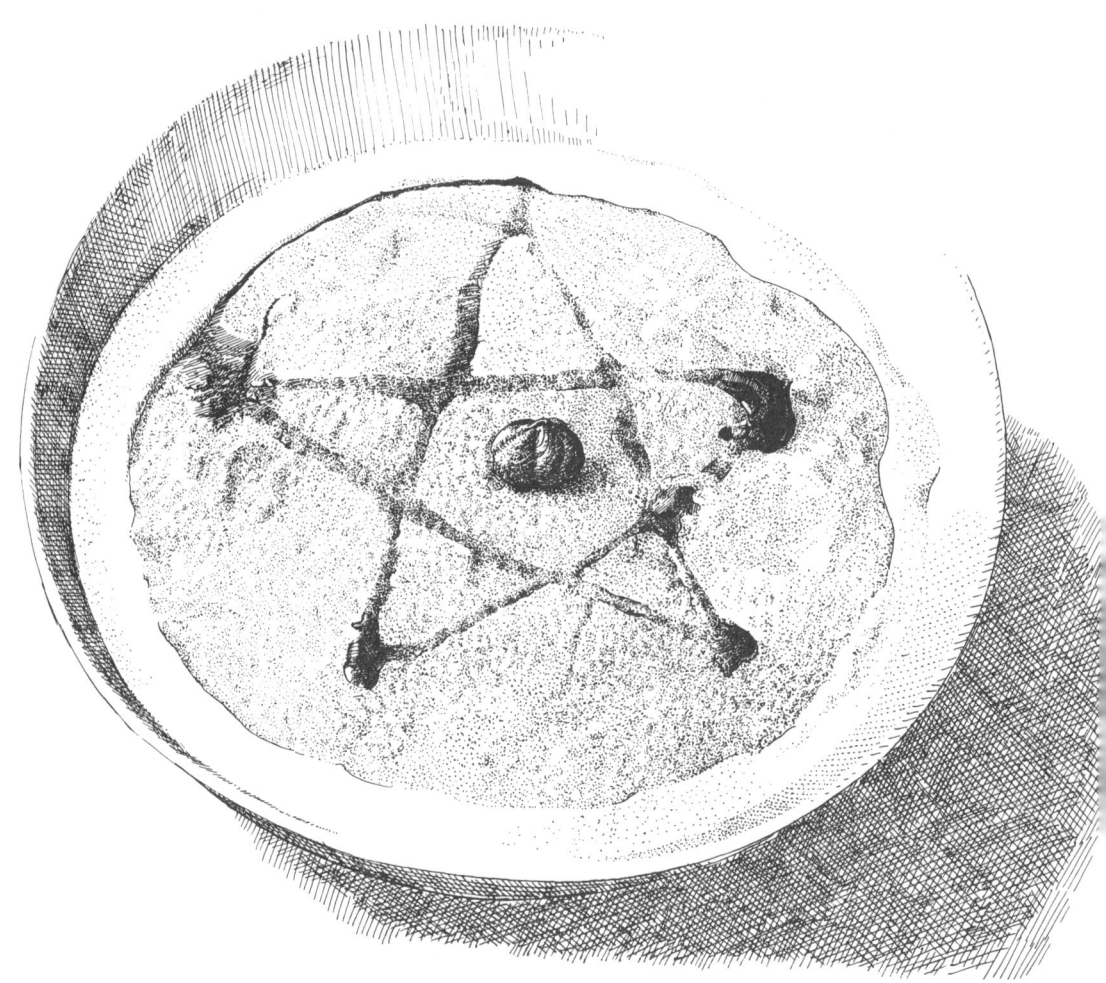

Porridge, Haferbrei

aus Haferflocken oder gedarrtem
und geschrotetem Hafer
für 3-4 Personen .

120 g Haferflocken oder 140g –schrot
mindestens 1 Std in
200 ccm Wasser einweichen, um die
Garzeit zu verkürzen .

300 ccm Wasser erhitzen, Hafer unter Rühren 10 Min
sachte darin kochen .

 Zum Würzen nur Salz   oder dazu 3/4 Tl Fenchel
1/2 Tl Koriander

mindestens 30 Min nachquellen ; fürs Frühstück
über Nacht in Kochkiste oder Thermosgefäß,
jeweils gut vorgewärmt
20-40 g Butter zufügen, abschmecken
1/2 Ltr Milch leicht erwärmt dazu reichen
30 g Haselnüsse –evtl geröstet– grob reiben, darüber
streuen .

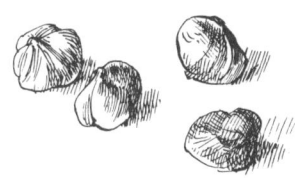

Hafer-Milchbrei

herzhaft oder süß,
aus Flocken oder –besonders
aromatisch– aus gedarrtem Hafer.

Vorbereitung

150 g Hafer darren, dann schroten
–oder 135g Flocken– 1 Std in
250 ccm Wasser einweichen, um die Garzeit zu verkürzen.

Zubereitung

300 ccm Wasser erhitzen, Schrot/Flocken unter Rühren
10 Min darin kochen, 20-30 Min nachquellen
in einem fast kochenden Wasserbad, nach Wunsch
süßen mit
140 g Korinthen.
500 ccm Milch –nicht unter 10°– nach und nach einrühren,
Hitze drosseln; so quillt der Hafer bei 60-70°
in 20 Min gut aus *.

Zum Würzen und Abrunden

nur Salz –bei Verwendung von Korinthen
weniger–
30 g Butter; abschmecken.

* oder die Milch extra in einem Topf auf 50-60° erhitzen,
s S 170 , ohne weitere Wärmezufuhr rasch einrühren.

Hirsebrei

500 ccm Wasser erhitzen
190 g Hirse einrühren, 10 Min sachte
kochen, würzen

 Anis   Fenchel   etwas Koriander
Zitronenschale   frisch geriebener Ingwer   Salz

20 Min nachquellen in einem fast kochenden
Wasserbad, gleichzeitig süßen mit
120 g Datteln —klein geschnitten—, bzw Rosinen,
Korinthen oder erst zuletzt mit Apfel- Birnendicksaft oder Malzextrakt. Von
700 ccm Milch —nicht unter 10°— gut die Hälfte nach
und nach einrühren. Hitze drosseln; so quillt die
Hirse bei 60 - 70° in 20 – 30 Min gut aus.✱
Den Rest der Milch leicht erwärmt unterrühren,
nachwürzen.

Zum Abrunden
etwas Butter oder Schlagsahne unterziehen.

✱   oder die Milch extra in einem Topf auf 50 - 60°
erhitzen, s S 170, ohne weitere Wärmezufuhr
rasch einrühren.

Hirsebrei mit Äpfeln ca 1 1/2 Ltr

300 g Äpfel schälen, in feine Stückchen
schneiden, wenden in

3 El Zitronensaft mit 1 El Wasser vermischt, sowie

reichlich Anis und Fenchel
etwas Koriander und Zimt
gut 1/2 Tl Vanille   evtl 1 El Demeter-Rübensirup

100-130 g Datteln klein schneiden oder 130 g Korinthen,
unter die Äpfel mischen, mindestens 1/2 Std
durchziehen lassen.

600 ccm Wasser erhitzen

200 g Hirse 10 Min sachte darin kochen –öfter umrühren– gleichzeitig würzen:

ca 1 Tl Ingwer, frisch gerieben   1/2 Tl Koriander
1/2 Tl Anis   1/2 Tl Fenchel   etwas Zitronenschale   Salz

30 Min nachquellen in einem fast kochenden
Wasserbad.   Knapp die Hälfte von

400 ccm Milch –nicht unter 10°– nach und nach einrühren. Hitze drosseln; so quillt die Hirse bei
60-70° in 20 Min gut aus. *
Die Äpfel kurz dünsten; sie sollen eben gar,
aber noch knackig unter die Hirse gemischt
werden.

*   oder die Milch extra in einem Topf auf 50-60° erhitzen,
s S 170, ohne weitere Wärmezufuhr rasch einrühren.

194

Den Rest der Milch auf 50° erwärmen – s S 170 –
hinzufügen, kurz durchziehen lassen,
abschmecken, nachwürzen.

Zum Anrichten:
verzieren mit Schlagsahne, vorgequollenen
Korinthen oder mit roten Beeren, die einige Zeit
mit Honig durchzogen sind.

Abwandlung ohne Milch
200 g Hirse nur in
850 ccm Wasser kochen, alles außer Milch zufügen,
abkühlen und
150 g Schlagsahne unterheben, abschmecken.

Buchweizenbrei

herzhaft oder süß
aus Grütze oder ganzen Körnern,
aus gedarrten besonders gut.

600 ccm Wasser erhitzen
230 g Buchweizen 10 Min darin kochen −öfter rühren−
würzen :
a) herzhaft : 1 geh Tl Koriander   1/4 Tl Kümmel
               1 Tl Fenchel   Salz
b) süß   : abger. Zitronenschale   Anis
               etwas Pfefferminze   etwas Salz

30 Min nachquellen in einem fast kochenden
Wasserbad, knapp die Hälfte von
550 ccm Milch −nicht unter 10°− nach und nach einrühren.
Hitze drosseln, so quillt der Buchweizen bei 60 −70°
in 20 Min gut aus . *

Für süßen Brei :

150 g Korinthen mitquellen lassen, oder erst bei Tisch süßen mit Demeter-Rübensirup, −Malzextrakt,
Honig oder Dicksaft.
30 g Leinöl oder Butter zufügen, den Rest der Milch
leicht erwärmen, etwas davon einrühren, das Übrige dazu reichen; abschmecken, evtl nachwürzen .
40 g Haselnüsse grob mahlen und darüber streuen .

* oder die Milch extra in einem Topf auf 50 -60° erhitzen,
s S 170 , ohne weitere Wärmezufuhr rasch einrühren .

Abwandlung I
mit Schwedenmilch (Dickmilch)

750 ccm Wasser erhitzen
230 g Buchweizen 10 Min darin kochen, mit Gewürzen
       30 - 40 Min nachquellen, mit Salz und Butter
       abschmecken .
1/2 - 3/4 Ltr Schwedenmilch dazu reichen, sowie
       Demeter - Rübensirup .

Abwandlung II
Festlicher Sonntagsbrei

200 g Schlagsahne mit Honig unterziehen, mit
       einigen Preiselbeertupfen verzieren .

Gerstenschrot-oder-flockenbrei

mit Schlagsahne, cremeartig,
gut auch aus gedarrter Gerste,
Thermogrütze.

Vorbereitung

230 g Gerstenfeinschrot oder 150 g
Flocken,* bzw Thermogrütze* in
500 ccm Wasser einweichen, mindestens
eine, am besten 10 Std.

Zubereitung

600 ccm Wasser erhitzen, das eingeweichte Schrot, bzw
Flocken, unter Rühren 10 Min sachte darin
kochen, gleichzeitig würzen mit

1/2 – 3/4 Tl Curcuma   1/3 Tl Koriander oder
1 Tl Zitronenmelisse   1/4 Tl Fenchel
2 Mssp Kümmel   Salz

Nach Belieben zum Süßen
130 g Datteln in Stückchen schneiden und zufügen
1/2 Std oder länger nachquellen – Wasserbad,
Thermosgefäß –. Falls zu dick, etwas heißes
Wasser oder warme Milch unterrühren.
150 g Sahne sehr steif schlagen, nach Wunsch zum
Süßen zuletzt
3 Tl Honig hineinschlagen, unter den etwas abge-
kühlten Brei ziehen, abschmecken.
Fehlt Schlagsahne, verdünnt man mit etwas
Milch; nachwürzen.

* Einweichen nicht erforderlich, verkürzt aber die Garzeit.

Roggenschrotbrei
als sättigendes Frühstücksgericht

Vorbereitung:

200 g Roggenfeinschrot mindestens
eine, am besten 10 Std in
300 ccm Wasser einweichen.

Zubereitung:

300 ccm Wasser erhitzen, Schrot unter Rühren 10 Min
sachte darin kochen, 40 Min nachquellen, fürs
Frühstück über Nacht in der Kochkiste, wenn
nötig, morgens nochmals im Wasserbad erhitzen.
400 ccm Milch auf 50° erwärmen — s S 170 — hineinrühren, würzen mit

etwas Salz   Anis   wenig Kümmel

3 - 4   Äpfel grob raffeln, zum Süßen mit etwas Honig
oder klein geschnittenen Datteln kurz durchziehen lassen,
4 - 5 El Quark cremig rühren mit
2 El Leinöl, dann mit dem Schrotbrei verrühren,
abschmecken, über den Berg geraffelter Äpfel
gießen, mit etwas Schwedenmilch oder Sahne
umranden,
30 g Haselnüsse grob hacken und darüber streuen.

Roggengrütze

aus Schrot oder Thermogrütze
a) süß **mit Dörrobst**   b) herzhaft

a)   **Vorbereitung**: —entfällt bei Thermogrütze—
ca 400 g Roggen grützartig schroten —das Feine absieben,
da es beim Rösten schneller bräunt, anderweitig
verwenden; verbleibende 320 g in einer Pfanne
ohne Fett leicht rösten
oder ungeröstet in einem Teil des Kochwassers
einweichen, mindestens eine, am besten 10 Std
oder Thermogrütze verwenden, aber nur 260 g
250-300 g Dörrzwetschen mit lauwarmem Wasser gut
bedecken, ca 24 Std aufquellen lassen.
Zubereitung :
850 ccm Wasser, —einschließlich Einweichwasser des
Getreides— erhitzen, das Schrot, bzw die
Thermogrütze unter Rühren 5-10 Min darin kochen,
Hitze drosseln, 40-60 Min nachquellen, würzen:

 etwas Salz Kümmel Koriander 1 Tl Anis
1 Tl Fenchel   etwas Zitronenschale   Zimt

60 g Datteln und das Dörrobst klein schneiden, zufügen
1-2 Std nachquellen, fürs Frühstück über Nacht
in der Kochkiste.
400 ccm Milch erwärmen auf 50-70°, —s S 170 —
unterrühren.
Abrunden mit süßer Sahne oder Butter,
evtl nachsüßen mit Apfeldicksaft, abschmecken.

b) ohne Dörrobst, sonst wie bei a)
herzhaft würzen mit :

Salz   1 Tl Kümmel   1 Tl Thymian
7 Wacholderbeeren

Abrunden mit frischem Leinöl oder
mit Butter.

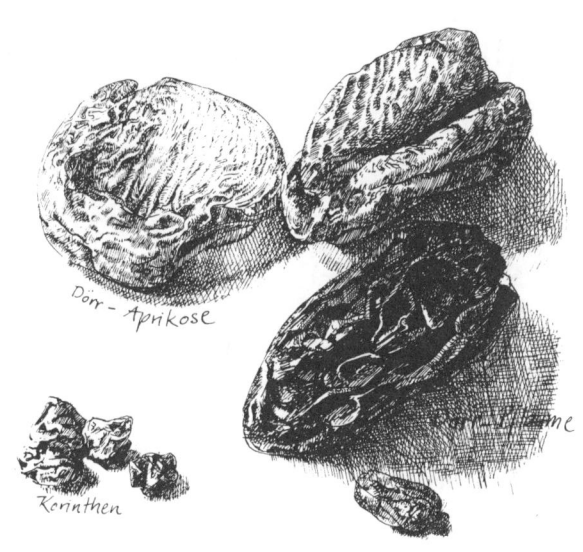

Dörr - Aprikose

Korinthen

Grießbrei und Grießflammeri

400 ccm Wasser zum Kochen bringen, sachte einrühren:
130 -140 g Vollweizengrieß – für Flammeri 150 g – unter
Rühren mit dem Schneebesen 5 Min darin
kochen. Zum Würzen

Zitronenschale   8 Zimtblüten ganz *
1 Tl Anis   2 Mssp Muskatblüte   Salz
nach dem Kochen ½ Tl Vanille

20 Min nachquellen in einem fast kochenden
Wasserbad. Nach und nach etwa die Hälfte von
600 ccm Milch – nicht unter 10° – einrühren. Hitze
drosseln, so quillt der Grieß bei 60 - 70° in
20 Min gut aus. Falls gewünscht, vor dem Nachquellen mit Trockenfrüchten süßen. Den Rest der
Milch bei 50 - 60° – s S 170 – mit dem Schneebesen unter den Brei schlagen, bis er luftig und
locker ist.

Zum Süßen wahlweise:
150 - 200 g Korinthen bzw klein geschnittene Datteln
oder 250 g Feigenmark unterrühren, sowie
ca 3 El Ahornsirup bzw Birnendicksaft,
abschmecken.

Oder: den Brei ungesüßt lassen, dann aber
mit süßem Obstsaft, Kompott oder Elixier
anrichten.

* später herausnehmen.

202

Grießflammeri

150 g Grieß kochen wie zuvor angegeben. Besonders
      erfrischend schmeckt er, wenn
3-4 El Zitronensaft mit Honig oder Ahornsirup gesüßt
      zuletzt daruntergeschlagen werden.
      In einer kalt ausgespülten Form erkalten lassen,
      stürzen.

Weizenschrotflammeri

      ebenso zubereiten aus
250 g Weizenfeinschrot, 40 Min nachquellen,
      hübsch anrichten.

Maisgrießbrei   herzhaft oder süß

500 ccm Wasser erhitzen
170 g Maisgrieß unter Rühren darin 5-10 Min zu
      dickem Brei kochen, 20 Min nachquellen in einem
      fast kochenden Wasserbad. Nach und nach
      knapp die Hälfte von
500 ccm Milch —nicht unter 10°— einrühren, Hitze
      drosseln; so quillt der Maisgrieß bei 60 – 70°
      in 30 Min gut aus. * Gleichzeitig würzen:

1 Tl Ingwer, frisch gerieben   1 Tl Koriander
Zitronenschale   Salz
reichlich Basilikum   etwas Salbei
Zitronenmelisse   Salz   ⟶

*   oder die Milch extra in einem Topf auf 50-60° erhitzen,
      s S 170, ohne weitere Wärmezufuhr rasch einrühren.

Den Rest der Milch auf 50° erwärmen, mit dem
Schneebesen luftig hineinschlagen.

30 g Butter oder 80 g Schlagsahne zufügen,
abschmecken, nachwürzen;

süßen nach Wunsch mit Apfel-Birnendicksaft,
Ahornsirup oder erst bei Tisch mit Demeter-Rübensirup, Malzextrakt oder Honig.

Abwandlung :

wie Maisgrießbrei, aber nur

300 ccm Milch zufügen

würzen wie bei a) kaltstellen.

100 g Sahne sehr steif schlagen; zuletzt mit

1-2 El Honig und etwas Zitronensaft.

Alles mit dem Schneebesen leicht unter den
Maisgrieß heben.

So wird der „schwerfällige" Mais aufgelockert
und mit wärmender Würzkraft durchzogen.

Milchreis für 4-6 Personen

aus Demeter-Vollreis, Rundkorn.

Vorbereitung

250 g Vollreis mindestens eine, am besten 10 Std in
650 ccm Wasser einweichen mit Gewürzen   —später
   herausnehmen—
   1 Zimtstange   1-2 cm Ingwer, mehrfach einschneiden   Zitronenschale   Koriander und
   Anis gemahlen

Zubereitung

Reis im Einweichwasser 45 Min sachte kochen,
1 Std nachquellen —Kochkiste—
400 ccm Milch auf 50-60° erhitzen, —sS 170 —
   hinzufügen, außerdem
120 g Sultaninen *, salzen und alles im Wasserbad
   bei 60° 20 Min nachquellen lassen,
200 ccm Milch leicht erwärmen, locker einrühren,
   abschmecken, nachwürzen mit Gewürzen
   wie oben, aber gemahlen;
zum Abrunden
30 g Butter zufügen.

Rollgerstenbrei (Graupen)

wie Milchreis zu bereiten
200 g Rollgerste, grob, einweichen in
650 ccm Wasser. Rollgerste fein: kann, aber muß nicht
   eingeweicht werden.

*   Wer lieber mit Honig süßen will, läßt den Brei etwas abkühlen.

Weizenbrei   herzhaft oder süß
aus Schrot, Flocken oder Thermogrütze.

Vorbereitung
280 g Weizenschrot – von Flocken oder
        Thermogrütze reichen 220 g – in
600 ccm Wasser einweichen, mindestens
        eine, am besten 10 Std.

Zubereitung
200 ccm Wasser erhitzen, Schrot unter Rühren 5-10 Min
        darin zu dickem Brei kochen, 20 Min nachquellen
        in einem fast kochenden Wasserbad.
        Etwa die Hälfte von
400 ccm Milch – nicht unter 10° – nach und nach einrüh-
        ren, Hitze drosseln; so quillt der Weizen bei
        60 - 70° in 30 Min gut aus. *
        Nach Wunsch zum Süßen jetzt
120 g Rosinen oder kleingeschnittene Datteln, bzw
        Feigen zufügen oder erst bei Tisch süßen mit einem
        Elixier, Dicksaft, Honig oder Malzextrakt.
        Würzen:

herzhaft: Salz Zitronenthymian   etwas Pfefferminze oder 1-2 Tl Salbei

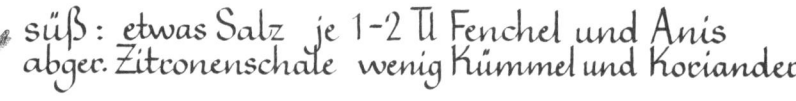

süß: etwas Salz je 1-2 Tl Fenchel und Anis
abger. Zitronenschale wenig Kümmel und Koriander

*   oder die Milch extra in einem Topf auf 50 - 60° erhitzen,
     s S 170, ohne weitere Wärmezufuhr rasch einrühren.

Dem Brei zum Frühstück
50 g Butter oder 80 g süße Sahne zufügen, abends
fettarm geben; abschmecken.
Den Rest der Milch erwärmen ⎱ beides extra dazu
30-50 g Haselnüsse grob mahlen ⎰ reichen, um den
farblosen Brei
ansprechender zu machen.

Gerstenschrot- oder -flockenbrei
wie Weizenschrotbrei, mit Milch

200-230 g Gerstenschrot oder 140 g -flocken in
600 ccm Wasser mindestens eine, am besten 10 Std
einweichen,
würzen wie Weizenbrei, oder mit

½ Tl Curcuma   1 Tl Salbei   ¼ Tl Kümmel
¼ Tl Fenchel   Salz

Cremes

Im Rahmen der Vollkornküche braucht man auf leckere Cremespeisen nicht zu verzichten: jede Getreideart läßt sich bei feinster Einstellung der Mühle zu lockerem Feinschrot verarbeiten, aus dem köstliche Cremes entstehen können. Sie schmecken wesentlich kräftiger und aromatischer als die üblichen aus isolierten Stärkeprodukten, die oft sogar noch künstliche Aromen enthalten, wie zB viele Puddingpulver. Ihnen gegenüber ist das jeweils **frisch gemahlene Vollkorn-Feinschrot** ein echtes Lebensmittel durch seinen Reichtum an Mineralstoffen, Spurenelementen und Vitaminen.

Feine **natürliche Aromen** erhalten die Cremes durch einheimische und südländische Gewürze, vollwertige Süßungsmittel, durch Obst und Elixiere, oder durch Nüsse bzw Mandeln, auch geröstete.

Solche Cremespeisen erfreuen sich großer Beliebtheit: als Nachtisch, besonders auch zu festlichen Gelegenheiten, oder als vollwertiges Abendessen mit einer knusprigen Beilage – dem Leberrhythmus entsprechend abends fett- und eiweißarm, aber kohlehydratreich, nach Belieben auch gesüßt. ✳

209

Für **das Süßen** der Cremes gilt das für „Getreidegerichte mit Milch" Gesagte auf S 172. Man verwendet
wahlweise die dort vorgeschlagenen **Süßungsmittel,**
bevorzugt aber doch als wertvollstes den **Honig.**
Man darf jedoch fermentaktiven Honig
nicht direkt in eine Getreidespeise geben;
er könnte sie verflüssigen. Sondern:
Man hüllt —wie dort beschrieben—
den Honig in **Schlagsahne,**
die man locker unter die kalte
Creme hebt. Will man
eine **Obstcreme süßen,**
verbindet man den
Honig zuvor mit den
Inhaltsstoffen des
Obstes : er muß einige
Stunden mit dem Obst
durchziehen. Anschließend gießt
man die erkaltete Speise —Creme—
darüber.

Honig lockt das Aroma der Früchte besonders
gut hervor. Wie die Bienen zu den Blüten, so gehört der
Honig zu den Früchten, und so gehört das mineralische **Salz zum Getreide.** Denn beim Reifen des
Getreides geht im Korn zunehmend eine feinstoffliche
Mineralisierung vor sich. ✳✳ Fügt man der süßen Getreidespeise ausreichend Salz zu, ist man immer wieder
überrascht, daß die feinen Aromen erst dann richtig zur
Geltung kommen.

Jede gekochte Speise, die kalt gegessen wird, muß
auch **kalt abgeschmeckt** werden.

210

Deshalb: nach dem Ausquellen eine kleine Kost- bzw. Gelierprobe kalt stellen, nachwürzen oder verdünnen.

In allen folgenden Rezepten kann man anstelle von Obst auch **Nüsse oder Mandeln** verwenden, jeweils 150 – 200 g; Rösten verstärkt ihr Aroma. Die Gesamtmenge verringert sich dann entsprechend.

Mit **Quark** ergänzt werden die Cremes noch „voller, runder" und sättigender: 200 – 300 g Quark werden mit ebensoviel Schwedenmilch cremig gerührt. Verwendet man anstelle der Früchte ein **Elixier**, so kann man die fehlende Menge durch Quark ersetzen, wie oben angegeben.

Obst, Getreide und Gewürze sollte man nicht nur willkürlich **kombinieren**, sondern ihrer Eigenart gemäß miteinander verbinden. Ihr Wesen erschließt sich demjenigen, der damit beginnt, sich in die Vielfalt der Erscheinungen einzuleben, wie sie uns die Pflanzenwelt bietet mit ihren Früchten, Getreiden und Gewürzen. Erst gefühlsmäßig, allmählich bewußter, werden ihm dann sinnvolle und bekömmliche Zusammenstellungen gelingen — das Kochen wird zur Kunst. —

Die Rezepte sind als Abendessen für 4 oder als Nachtisch für 8 Personen berechnet.

*   s. Udo Renzenbrink: „Ernährung unserer Kinder" „Ernährung in der zweiten Lebenshälfte" und „Grundfragen . . ." im Ernährungsrundbrief Nr 22; Gerhard Schmidt: „Dynamische Ernährungslehre"

**   Udo Renzenbrink im Ernährungsrundbrief Nr 33 und „Die sieben Getreide".

Pfirsich

Gerstencreme
mit frischen Früchten

Vorbereitung für Getreide und Früchte:
130 g **Gerstenfeinschrot** einweichen in
250 ccm Wasser, mindestens eine, am besten 10 Std.
300-500g **Obst** –zB Johannis– und Himbeeren, 1:2–
süßen mit
ca 3-5 El Honig oder Sucanat, einige Std
durchziehen lassen.

Zubereitung
250 ccm Wasser erhitzen, Schrot unter Rühren 3-5 Min
sachte darin kochen, in fast kochendem Wasserbad
30-40 Min nachquellen; nach und nach
250 ccm Milch –nicht unter 10°– einrühren ✳ Hitze
drosseln; so quillt die Gerste bei 60-70°in 10 Min
gut auf, gleichzeitig würzen –bei Abwandlungen
entsprechend ändern–

¼-½ Tl Salz   ½ Tl Anis   ½ Tl Vanille
½ Tl Koriander   etwas Zitronensaft oder –schale
½ Tl Ingwer, frisch gerieben   1 Mssp Zimt

50-80 g Haselnüsse grob reiben, untermischen. Die Creme
neutral lassen oder süßen wahlweise mit Dicksaft,
Sucanat, Datteln, Feigen, Rosinen –letztere mitquellen lassen– abschmecken, kalt stellen, öfter luftig schlagen
150-200 g Sahne sehr steif schlagen, zuletzt
2-3 El Honig hineinschlagen, unter die recht kalte Creme
heben, über die Früchte gießen.
   ✳   oder die Milch extra auf 50-60° erhitzen, rasch einrühren.
   s S 170

Abwandlungen mit anderen Fruchtmischungen

a)

300-400 g Heidelbeeren nur mit etwas Anis, Honig oder Apfeldicksaft.

b)

300-500 g Kirschen, möglichst dunkelrote und einige Sauerkirschen, mit Honig oder Apfel-Birnendicksaft.

c)

500 g Pfirsiche brühen, abziehen, zerkleinern, wenden in einer Mischung von Zitronen- und Apfeldicksaft mit Honig oder Sucanat, evtl eine Spur Ingwer oder Koriander zufügen.

d)

einige El Elixier zB aus Preiselbeeren, Aprikosen, Schlehe oder Sanddorn mit Honig, das fehlende Obst läßt sich mengenmäßig ersetzen durch

200 g Quark, verrührt mit
200 g Schwedenmilch, evtl gesüßt mit Apfeldicksaft oder Sucanat.

e)

Abwandlung: Gerstencreme mit Karamelgeschmack

Abendessen für 3 oder Nachtisch für 6 Personen.
Wie vorher, aber ohne Früchte, würzen nur mit
1/3 Tl Salz 1 Tl Anis 1/2 Tl Vanille
Die Haselnüsse zum Garnieren zurücklassen,
4 El Demeter-Rübensirup –gestrichen– und
1 El Honig in die steife Schlagsahne schlagen und unter die kalte Creme heben.

Gerste-Quark-Sahnecreme
mit Preiselbeeren
Gut auch mit anderem aromatischen Obst.
Günstige Verwertung gekochter
Gerste, z B von „Barley Water"*

ca 250 g gekochte kalte Gerste –aus
ca 70 g roher Gerste– durch die
3 mm Scheibe des Wolfes passieren.
Unpassiert zurückbleibende Reste
–bis zu 100 g– lassen sich in Suppen
oder Backlingen verwerten.
Im Gerstenwasser mitgekochte
Feigen zuerst durchdrehen, mit der
passierten Gerste vermischen,
ca 250 ccm Milch leicht erwärmen;
Gerste und
200 g Quark –jedes für sich– mit der
Milch cremig rühren, dann
beides mischen, würzen mit

etwas Salz   Anis
Ingwer, frisch gerieben

180 g Preiselbeeren –mit Honig gut
gesüßt– unterrühren, einige zum Garnieren
zurücklassen, kalt stellen;
80 -100 g Schlagsahne unterziehen, abschmecken, evtl
nachsüßen, garnieren.

*   Rezept unter Getränke im vorgesehen 2. Band.

216

Beim Durchdrehen der Gerste bietet sich
eine günstige Gelegenheit,

Feigen-oder Dattelmark als Süßungsmittel

herzustellen :
Feigen entstielen, Datteln entsteinen — auch
„Datteln ohne Stein" prüfen! — passieren ;
alle kostbaren süßen Reste werden von der
nachfolgenden Gerste mitgenommen.
Weniger Reste behält man, wenn man als
Letztes in den Rachen des „Wolfes" ein zusam-
mengefaltetes Butterbrotpapier steckt, das
unversehrt dicht hinter der Scheibe zurückbleibt.

Gerstencreme
mit Trocken-Aprikosen und Sahne*

Vorbereitung für Getreide und Früchte:
130 g Gerstenfeinschrot einweichen in
250 ccm Wasser mindestens eine, am besten 10 Std
150 g Trocken-Aprikosen 3 - 10 Std in 250 ccm lauwarmem Wasser einweichen bis sie weich, aber
nicht musig sind.

Zubereitung
250 ccm Wasser erhitzen, Schrot unter Rühren 10 Min
sachte darin kochen, die eingeweichten
Aprikosen abgießen, auf
250 ccm Saft auffüllen mit Aprikosennektar, Apfelsaft oder
Wasser, erwärmt in den kochenden Gerstenbrei
rühren, ebenso die kleingeschnittenen Aprikosen,
evtl einige zum Garnieren zurücklassen; 30 Min
im heißen Wasserbad nachquellen, dabei würzen
mit
etwas Salz   ½ Tl Anis   ½ Tl Vanille
1 Mssp Muskatblüte

2-3 El Apfel - Birnendicksaft zufügen, nach Wunsch
mit etwas Aprikosensaft verdünnen,
abschmecken, kalt stellen, öfter luftig schlagen,
150-200 g Sahne sehr steif schlagen, zuletzt
1 - 2 El Honig hineinschlagen, locker unter die kalte
Creme heben.

Anrichten mit Aprikosenhälften oder Mandelsplittern.

   *   für Milchallergiker mit 1-2 Eiern – Eischnee –

Grießschaum und Quarkgrießschaum

Abendessen für 3-4 oder Nachtisch für 8 Personen.

8 Zimtblüten   dünn abgeriebene Schale von
2 Zitronen   in

750 ccm Wasser ca 5 Min auskochen, herausfischen
100-125 g Vollgrieß einrühren, 10 Min kochen, leicht
     salzen, 30 Min nachquellen, abkühlen
250 ccm Aprikosensaft bzw Apfelsaft zufügen oder
     4-6 El Zitronensaft mit Honig oder Dicksaft
     süßen, mit Wasser auf 250 ccm auffüllen und
     statt Aprikosen-, bzw Apfelsaft zufügen.
     Leicht salzen, abschmecken, mit dem Schneebesen
     in einer kalten breiten Schüssel so lange schla-
     gen, bis er luftig und schaumig ist* kalt stellen.

Zum Anrichten
mit Früchten oder Nüssen garnieren.

Quarkgrießschaum, sehr sättigend

Vollgrieß zubereiten wie oben mit Aprikosen-
     oder Apfelsaft.
300-500 g Quark locker unter den Grieß schlagen.

*   bzw mit elektrischem Rührgerät in einem hohen Gefäß.

Buchweizencreme
mit Apfelmus, Preiselbeeren oder Ebereschen

100 - 110 g Buchweizenfeinschrot anrühren mit
150 ccm Wasser.
200 ccm Wasser erhitzen, Schrot 3 Min sachte darin
    kochen, in fast kochendem Wasserbad 10 Min
    nachquellen. Etwa die Hälfte von
400 ccm Milch auf 50 - 60° erhitzen, einrühren, Hitze drosseln,
    15 Min bei 60 - 70° ausquellen, gleichzeitig würzen:

  ⅓ - ½ Tl Salz 1 Tl Ingwer, frisch gerieben
  ¾ Tl Anis   ¼ Tl Koriander   ½ Tl Fenchel
  ½ Tl Vanille   Zitronenschale

  Den Rest der Milch leicht erwärmt zufügen,
  abschmecken, kalt stellen, öfter luftig schlagen;
  mischen mit
300 g Apfelmus mit Gewürzen wie oben, süßen mit
  etwas Rübensirup, Apfeldicksaft, Sucanat.
120 - 200 g Sahne sehr steif schlagen. zuletzt
ca 2 El Honig hineinschlagen; unter die kalte Creme
  heben, abschmecken.
100 g Preiselbeeren oder
  Ebereschen, mit Honig
  gesüßt,
 50 g Haselnüsse, grob gemahlen,
  hübsch darauf verteilen.

Abwandlungen
mit anderen Früchten.

a)
100 g Datteln klein schneiden, 15 Min mit
ausquellen lassen.

b)
300 g Trockenzwetschen oder -birnen, 12–24 Std einweichen, klein schneiden; Einweichwasser als
Kochwasser verwenden.

c)
500 g Frischobst, Zwetschen, Birnen, Äpfel, klein schneiden, würzen, süßen, gut durchziehen lassen.

Würzen jeweils wie im Hauptrezept.

221

Hafercreme
mit Haselnüssen oder Mandeln
Abendessen für 3-4, Nachtisch für 6-8 Personen.

120 g Haferflocken in grobem Drahtsieb fein verreiben, mit
250 ccm Wasser anrühren, möglichst ½ Std quellen lassen;
250 ccm Wasser erhitzen, das angerührte „Hafermehl"
3 Min sachte darin kochen. In fast kochendem
Wasserbad 20 Min nachquellen. Nach und nach
250 ccm Milch −nicht unter 10°− einrühren✱, Hitze
drosseln, so quillt der Hafer bei 60−70°in 10 Min
gut aus, gleichzeitig würzen −bei Abwandlungen entsprechend ändern−

etwas Salz   Muskat   Zitronensaft oder
−schale   Koriander oder Ingwer
evtl ½ Tl Rübensirup

150 g Haselnüsse / Mandeln evtl darren, grob
mahlen, untermischen
Süßen wahlweise nur mit 4 El Honig in der
Schlagsahne, mit Korinthen, Datteln oder
Feigen; besonders fein mit etwas Ahornsirup!
Kalt stellen, öfter luftig schlagen.
150-200 g Sahne sehr steif schlagen, zuletzt
ca 1 El Honig hineinschlagen, unter die kalte Creme
heben, abschmecken.

✱   oder die Milch extra auf 50-60° erhitzen,
rasch einrühren, s S 170.

Anrichten mit gehackten Nüssen, Mandeln oder Walnußhälften.

Abwandlung:
anstelle von Nüssen
300-500 g frische Früchte mit zartem Aroma,
z B Heidelbeeren;
im Winter Birnenmus, Apfelmus mit
Preiselbeeren oder Ebereschen garniert.

Hirsecreme
mit Erdbeeren oder Himbeeren

400 - 500 g Erdbeeren, große zerteilen,
einige Stunden mit
3 - 4 El Honig durchziehen lassen
100 g Hirsefeinschrot
anrühren mit
150 ccm Wasser
350 ccm Wasser erhitzen,
Hirse unter
Rühren 5 Min
sachte darin
kochen, in fast
kochendem
Wasserbad 30 Min
nachquellen lassen,
gleichzeitig würzen

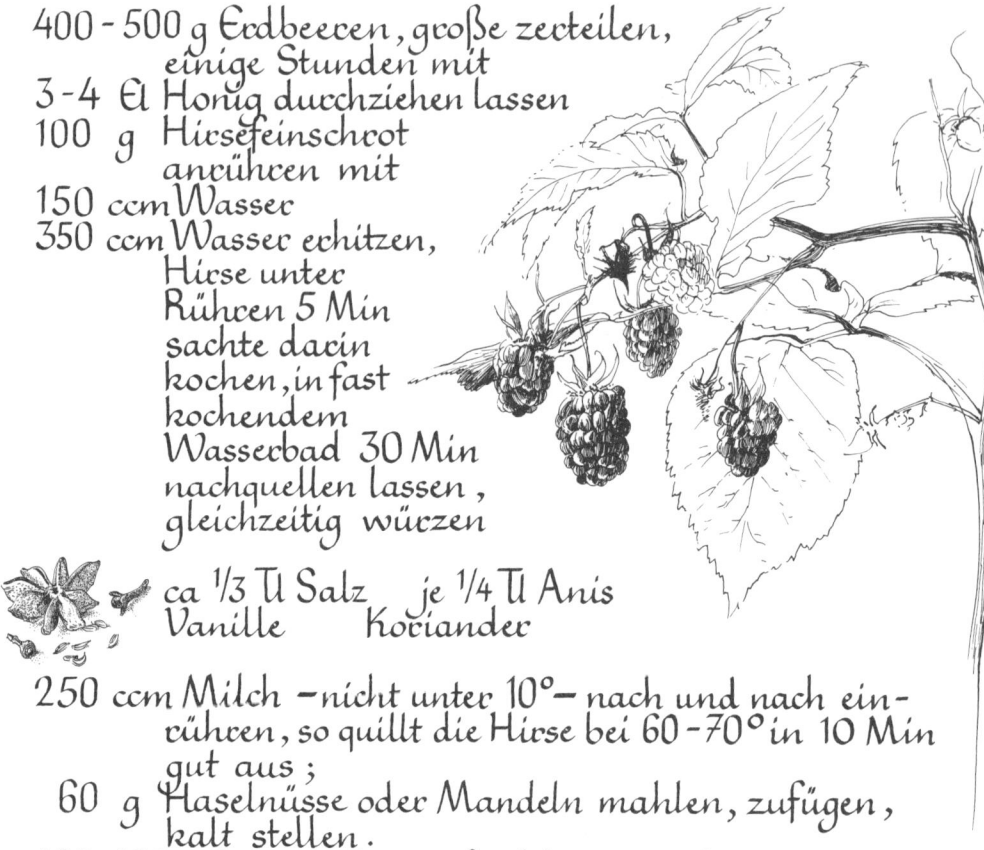

ca ⅓ Tl Salz   je ¼ Tl Anis
Vanille   Koriander

250 ccm Milch —nicht unter 10°— nach und nach einrühren, so quillt die Hirse bei 60-70°in 10 Min
gut aus ;
60 g Haselnüsse oder Mandeln mahlen, zufügen,
kalt stellen.
100-200 g Sahne sehr steif schlagen, zuletzt nach
Geschmack
2 - 3 El Honig hineinschlagen, evtl mit etwas Zitronensaft abschmecken ;

locker unter die recht kalte Creme heben,
dann über die Beeren gießen und mit
zurückgelegten verzieren.

Abwandlung

150 g Trocken-Aprikosen 5-12 Stunden lauwarm
einweichen in
250 ccm Wasser bis sie weich, aber nicht musig sind,
öfter wenden, klein schneiden, das Einweichwasser mit verwenden, nicht kochen, aber
mitquellen lassen.

225

Hirsecreme
mit Orangen und Korinthen

100 g Hirsefeinschrot mit
200 ccm Wasser anrühren
300 ccm Wasser erhitzen, Schrot
      5 Min sachte darin kochen;
      in fast kochendem Wasser-
      bad 30 Min nachquellen
 50 g Korinthen mitquellen lassen.
      Nach und nach
200 ccm Milch —nicht unter 10°—
      einrühren ✱ Hitze drosseln,
      so quillt die Hirse bei 60-70°
      in 10 Min gut aus, gleichzeitig
      würzen —bei Abwandlungen
      entsprechend ändern—

      etwas Salz   Schale von ¼ Zitrone
      eine Spur Vanille und Muskatblüte   ½ Tl Anis

      kalt stellen, öfter luftig schlagen
  2   Orangen und
  1   Zitrone auspressen, Saft und Fruchtfleisch
      unterrühren
2-3   Orangen klein schneiden, sowie
  1   Apfel —säuerlich und mürbe— alles mischen
150-200 g Sahne sehr steif schlagen, zuletzt

    ✱   oder die Milch extra auf 50-60° erhitzen, rasch
         einrühren.

226

1-2 El Honig hineinschlagen, locker unter die kalte Creme heben, abschmecken; evtl mit Apfeldicksaft nachsüßen.

Anrichten mit Orangen- oder Grapefruit-spalten bzw Mandelsplittern oder Walnußhälften.

Abwandlungen mit anderen Fruchtmischungen

ohne Korinthen, mit Honig süßen, würzen:

a)

ca 300 g Erdbeeren, Himbeeren, evtl einige Johannis-beeren.

b)

300-500 g Kirschen –schwarze saftige–, einige Sauer-kirschen.

c)

120-150 g Trocken-Aprikosen; Einweichwasser mit als Kochwasser verwenden.

d)

300-400 g Hagebuttenmark roh mit Honig gesüßt.

e)

400 g Melone mit Ananas, Tupf Preiselbeeren.

Roggencreme

mit aromatischen Früchten

Vorbereitung für Getreide und Früchte:
150 g Roggenfein**schrot** einweichen in
250 ccm Wasser mindestens eine, am besten 10 Std
300-500 g **Obst** —zB Zwetschen, Birnen, Äpfel-
  zerkleinern; mit
2 - 3 El Zitronensaft, evtl 2 El Birnendicksaft,
1 - 3 El Honig oder Sucanat gut durchziehen lassen mit

 Anis   etwas Zimt   Vanille und Koriander

Zubereitung
250 ccm Wasser erhitzen, Schrot unter Rühren 5 Min
  sachte darin kochen, in fast kochendem
  Wasserbad 40 Min nachquellen;
250 ccm Milch —nicht unter 10°— nach und nach
  einrühren*, Hitze drosseln, so quillt der Roggen
  bei 60 - 70° in 10 Min gut aus; gleichzeitig
  würzen —bei Abwandlungen entsprechend ändern—

etwas Salz   1 Tl Anis   ½ Tl Fenchel
1 Tl Ingwer, frisch gerieben oder ½ Tl Koriander
1 Pr Nelke   Zitronenschale   ½ Tl Vanille
⅓ Tl Zimt

*   oder die Milch extra auf 50 - 60° erhitzen, rasch
    einrühren, s S 170.

228

abschmecken, kalt stellen, öfter luftig schlagen
150-200 g Sahne sehr steif schlagen, zuletzt
ca 2 El Honig hineinschlagen, locker unter die recht
kalte Creme heben, über das Obst gießen.

Anrichten
mit gehackten Nüssen oder Preiselbeertupfen.

Abwandlungen
mit anderen Fruchtmischungen:

a)
300-400 g Äpfel, würzen wie das Obst im Rezept,
dazu wahlweise
100 g Preiselbeeren, Johannisbeeren, Brombeeren
Ebereschen.

b)
350 g schwarze, rote, gelbe Johannisbeeren,
einige Himbeeren.

c)
300 g Quitten gedünstet mit etwas Ingwer, Zitrone,
Sucanat, evtl
200 g Äpfel dazu, würzen wie das Obst im Rezept.

d)
400 g Heidelbeeren roh mit Honig durchzogen oder
gedünstet mit etwas Anis und Sucanat.

Weizencreme
mit Hagebuttenmarmelade
oder -mark*

Vorbereitung
125 g **Weizenfeinschrot** einweichen in
250 ccm Wasser mindestens eine, am besten
10 Std; oder 70 g **Vollgrieß** in 250 ccm
Wasser anrühren, nicht einweichen.
Zubereitung
250 ccm Wasser erhitzen, Schrot bzw Grieß unter
Rühren 5 Min sachte darin kochen, in fast
kochendem Wasserbad 30 Min nachquellen,
250 ccm Milch –nicht unter 10°– nach und nach
einrühren** Hitze drosseln, so quillt der Weizen bei
60–70° in 10 Min gut aus, gleichzeitig würzen:

etwas Salz ½–1 Tl Ingwer, frisch gerieben 1 Tl Anis
3/4 Tl Vanille ein wenig Zitronenschale / –saft

80 g Mandeln abziehen, grob reiben, untermischen,
abschmecken, recht kalt stellen, öfter luftig schlagen.
200 g Sahne sehr steif schlagen, zuletzt mit
ca 2 El Honig, locker unter die Creme heben, sowie
ca 400 g Hagebuttenmarmelade, mit Honig gesüßt,
abschmecken mit Apfeldicksaft.
Zum Anrichten mit zurückbehaltener Schlagsahne spritzen oder mit Mandelsplittern überstreuen.

* Hagebuttenmark ohne Zucker sterilisiert bei
Bruno Koch KG 1129/ 8475 Wenberg-Köblitz.
** oder die Milch extra auf 50–60° erhitzen, rasch einrühren.

Zitronencreme

nach Wahl mit Reis- Mais- oder
Hirsefeinschrot, siehe Tabelle.
Abendessen für 4-5 oder Nachtisch für 8-10
Personen.

2 Zitronen dünn abreiben oder schälen, dies in
300 ccm Wasser kurz aufkochen, abseihen, wieder
erhitzen;
90-100 g Feinschrot mit
100 ccm Wasser anrühren, 3 Min unter Rühren im
Zitronenschalenwasser kochen. In fast kochendem Wasserbad 20 Min nachquellen
350-400 ccm Milch -nicht unter 10°- nach und nach
einrühren ✳ Hitze drosseln; so quillt das Schrot
bei 60-70° in 10 Min gut aus.
Gleichzeitig behutsam würzen mit

etwas Salz Anis Ingwer oder Koriander

4-6 El Birnendicksaft zufügen, kalt stellen, dabei mit
dem Schneebesen luftig schlagen, dann
6-8 El Zitronensaft hineinrühren
200 g Sahne sehr steif schlagen mit 1 Pr Salz und
1/2 Tl Zitronensaft, zuletzt
ca 2 El Honig hineinschlagen.
Anrichten: hübsch garniert mit Orangen-
oder Grapefruitspalten bzw mit Walnußhälften oder gehackten Haselnüssen.

✳ oder die Milch extra auf 50-60° erhitzen, ohne
Wärmezufuhr einrühren, 10 Min nachquellen, s S 170.

231

Feine Vanillesoße
als Ergänzung zu Obstspeisen

ergibt gut ½ Ltr

45 g Reisfeinschrot oder 40 g Hirsefeinschrot oder 20 g Hafermehl ✳ – im Sieb fein verriebene Flocken – mit

100 ccm Wasser glatt rühren

150 ccm Wasser erhitzen, das Schrot kurz darin kochen, in fast kochendem Wasserbad 20 Min quellen lassen, nach und nach die Hälfte von

250 ccm Milch einrühren, Hitze drosseln, so quillt die Hirse bei 50-60° in 10 Min gut aus; gleichzeitig würzen

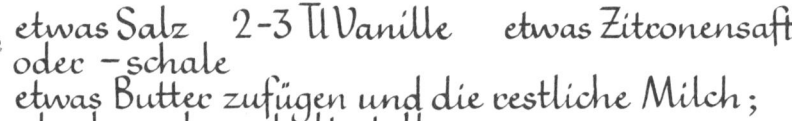

etwas Salz   2-3 Tl Vanille   etwas Zitronensaft oder -schale

etwas Butter zufügen und die restliche Milch; abschmecken, kalt stellen.

60 g Sahne sehr steif schlagen, zuletzt

2-3 El Honig hineinschlagen, unter die kalte Soße rühren, abschmecken; evtl nachsüßen mit

2-3 El Ahornsirup; sein feines Aroma hebt den zarten Vanillegeschmack besonders gut hervor. Fehlt Ahornsirup, Sucanat oder Birnendicksaft verwenden oder:

100 g Datteln kleinhacken, mit einer Gabel in etwas heißer Milch zerquetschen, in die Soße rühren; sie färben aber die Soße dunkler und haben mehr Eigengeschmack.

✳ Für eine warm servierte Soße jeweils 5 g Schrot mehr einrühren.

Müsli

Müsli

Der Schweizer Arzt **Bircher-Benner** entdeckte das „Kornmus" in obstreichen Gegenden der Schweiz als tägliches, nahrhaftes und erfrischendes Abendessen der Bauern. Er führte es als besonders wohlschmeckendes **Frühstücks- und Abendgericht** in die Vollwertkost ein – daher der Name „Bircher Müsli". Es empfiehlt sich, seinen Erfahrungen entsprechend die Getreideflocken etwa 10 Stunden einzuweichen. Dadurch werden sie bekömmlicher.

Junge Leute, die es vertragen und – zum gründlichen Kauen – gern etwas Festes zwischen den Zähnen spüren, wählen **grobe Flocken**, weichen sie nicht ein, sondern vermischen alle Zutaten, grob geschnitten, und geben reichlich Milch extra dazu.

Aber auch für Empfindliche muß das Müsli nicht breiartig sein: die zarten Demeter-**Knusperflocken** aus Gerste oder Weizen kann man uneingeweicht zuletzt über die gut vermischten sonstigen Zutaten streuen; sie bleiben dann knusprig.

Erwachsene, insbesondere ältere Menschen, sollten **gesäuerte Milchprodukte** bevorzugen, denn nur wer von Kind auf immer Frischmilch getrunken hat, verträgt sie auch später mühelos.

Da die Zutaten teilweise dem Kühlschrank entnommen werden, das fertige Müsli aber **angenehm temperiert** sein sollte, ist es ratsam, bei Verwendung von Sauermilch die Schüssel während der Zubereitung in einen Topf mit warmem, nicht kochendem Wasser zu hängen. Nimmt man Frischmilch, genügt es meist, diese leicht erwärmt mit den übrigen Zutaten zu vermischen.

Wer vom Müsli eine lang anhaltende Sättigung erwartet, kann es **mit Quark anreichern,** der cremig gerührt wird mit Leinöl, etwas warmem Wasser oder Milch, oder auch mit Schlagsahne; s S 172.
Erprobte Mengenverhältnisse für 4 Personen: 4 geh El Quark –250 g–, 4 El Leinöl oder 50 - 100 g Schlagsahne.

Das Frischkornmüsli nach **Kollath** oder **Bruker** aus eingeweichtem **rohen Korn** sollte nur kurmäßig eingesetzt werden.
Flocken und Thermo - Getreide werden durch Vorbehandlung mit feuchter Wärme aufgeschlossen und dadurch leichter verdaulich. Im Gegensatz dazu stellt das rohe Getreide weit größere Anforderungen an den Verdauungsorganismus; insbesondere muß man viel innere Wärme aufbringen, um es aufzuschließen. Dies kann im Einzelfall eine verblüffende Aktivierung, aber auch eine Überforderung des Stoffwechsels bedeuten – vor allem bei Kindern.

In vielen Familien gehört das Müsli, hauptsächlich im Sommer, zur täglichen Kost. Es hat sich besonders auch bei der Umstellung auf Ernährung mit Vollgetreide bewährt. Verfeinert mit Schlagsahne ist es sogar bei festlichen Gelegenheiten beliebt.

Obst-Müsli mit Äpfeln und Haferflocken
nach Bircher-Benner.

Auch mit anderem Obst gut.

Vorbereitung

35 g Haferflocken —4 leicht gehäufte El— 12 Stunden
   einweichen in
120 ccm Wasser —knapp 1 Tasse—.
   Haben die Äpfel wenig Aroma:
100 g Trocken-Aprikosen kleinschneiden, mit lauwarmem Wasser gut bedeckt einweichen.*

Zubereitung

4 El Zitronensaft
2-4 El Honig bzw Birnen- oder Apfeldicksaft
4 El süße Sahne
4-5 El Schwedenmilch oder Frischmilch zu glatter
   Soße verrühren
800 g Äpfel direkt in die Soße grob raffeln. Alles
   mischen, abschmecken.
   Würzen je nach Obstart mit

Anis   Ingwer   Fenchel   Vanille
Zimt   etwas Salz

30-40 g Hasel- oder Walnüsse grob hacken = 5-6 El,
   zum Anrichten darüber streuen.

   * Verwendet man Beerenobst statt Äpfel, läßt man die
   Aprikosen weg.

236

Haferflocken-Müsli
für Magen- und Darmempfindliche

Mengenangabe für eine Person.
Kein Steinobst verwenden, nur gut bekömmliches ausgereiftes
Obst aus biologisch-dynamischem oder biologischem
Anbau: Trauben, Erdbeeren, Himbeeren, evtl Preiselbeeren
und Edelebereschen; Äpfel, Melonen, Ananas, evtl auch
Pfirsiche.

Vorbereitung

40 g Haferflocken unbedingt 10 Std in
60 ccm Wasser kalt einweichen.

Leinsamentee kochen:

1 El Leinsamen möglichst 1-2 Std kalt einweichen in
150-200 ccm Wasser.

Zubereitung

Leinsamen 8-10 Min sachte kochen, noch heiß abseihen, etwas abkühlen, mit den Flocken vermischen,
dazu
15-20 g Rosinen oder klein geschnittene Datteln / Feigen.
70-100 g Obst zerkleinern, nach Verträglichkeit süßen mit
etwas Sucanat, Honig oder Dicksaft, Ahornsirup,
Sanddornelixier, Malzextrakt, etwas ziehen lassen.
1 geh Tl Mandelmus oder 1 El gemahlene Mandeln
etwas Milch, Schwedenmilch oder Sahne nach Verträglichkeit zufügen; alles gut mischen, würzen mit

1 Pr Salz   etwas Anis   Fenchel   Vanille
evtl Ingwer   Zimt   Zitronensaft soweit verträglich

abschmecken vorzugsweise mit Ahornsirup
und Apfeldicksaft.

Haferflocken-Müsli
für Milchallergiker   für 1 Person

a)   mit Obstsaft statt Milch

40 g Haferflocken – 4 geh El – eine, besser 10 Std einweichen in

80 ccm Apfelsaft, bzw anderem Obstsaft, kühl stellen,

20 g Rosinen oder klein geschnittene Datteln bzw Feigen kurze Zeit mit einweichen

einige El Obstsaft, evtl etwas Zitronensaft

80 -100 g Obst nach Wahl – sS 240 – würzen, zufügen, abschmecken,

1 geh El Haselnüsse, grob gemahlen, darüber streuen.

b)   mit Mandelmus statt Milch

40 g Haferflocken – 4 geh El – eine, besser 10 Std in

60 ccm Wasser einweichen

20 g Rosinen oder klein geschnittene Datteln bzw Feigen mit

1 El Wasser befeuchten, quellen lassen.

1 geh El Mandelmus ⎫ mit dem Schneebesen
1–2 Tl Honig   ⎬ verschlagen, dabei tropfen-
50 ccm Wasser   ⎭ weise lauwarmes Wasser
                      zugeben.

Alles mit dem Schneebesen vermischen,

80 -100 g Obst nach Wahl – sS 240 – würzen, abschmecken mit Zitronensaft oder einem herzhaften Elixier.

c)   mit Leinsamentee statt Milch

40 g Haferflocken – 4 geh El – eine, besser 10 Std in
60 ccm Wasser einweichen
20 g Rosinen oder klein geschnittene Datteln bzw
    Feigen mit
1 El Wasser befeuchten, quellen lassen.
    Leinsamentee kochen:
1 El Leinsamen möglichst 1-2 Std
    kalt einweichen in
150-200 ccm Wasser, 8-10 Min sachte kochen, noch
    heiß abseihen, etwas abkühlen, mit dem
    Schneebesen alles mischen;
80-100 g Obst nach Wahl – sS 240 – klein schneiden,
    würzen, zufügen;
    abschmecken mit Zitronensaft,
    Sanddorn, Preiselbeerelixier oder Apfeldicksaft
1 geh El Haselnüsse oder Mandeln grob mahlen
    und darüber streuen.

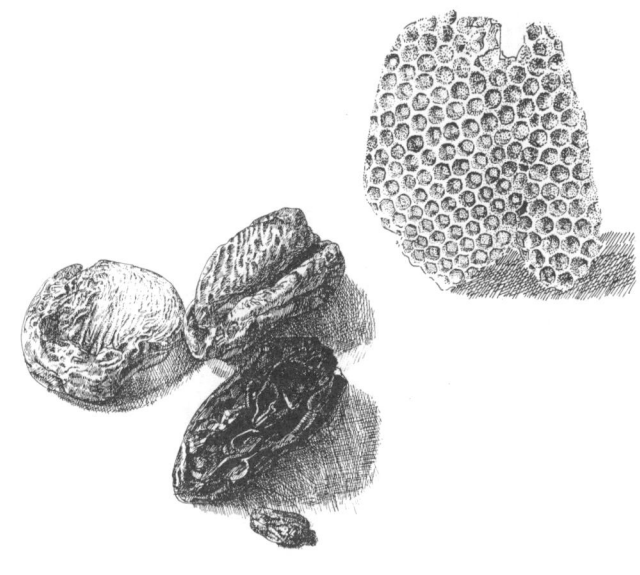

Haferflocken-Müsli

a)
300 g Dörrobst, 12-24 Std lauwarm
    einweichen, klein schneiden.

b)
300-500 g Beerenobst einige Stunden durchziehen
    lassen mit
2-6 El Honig oder 1-3 El Sucanat.

c)
400-500 g Kernobst, mindestens $1/2$ Std durchziehen
    lassen mit
  3 El Zitronensaft, Gewürzen, etwas Honig oder Sucanat.

d)
500-600 g Steinobst, entsteinen, zerschneiden, mit
2-4 El Honig oder 1-2 El Sucanat   durchziehen lassen.

120-160 g Haferflocken $1/2$ Std lauwarm einweichen in

240-320 ccm Wasser — für Magenempfindliche 10 Std kalt —
60-100 g Rosinen, Datteln oder Feigen klein schneiden,
    mit einweichen
$1/8$ - $1/4$ Ltr Frischmilch oder Schwedenmilch, jeweils
    leicht temperiert, mit allen Zutaten vermischen,
    je nach Obstart würzen

Anis   Fenchel   Ingwer   Vanille
eine Spur Zimt   1 Pr Salz

etwas durchziehen lassen, abschmecken,
1-2 El Leinsamen, frisch gemahlen, oder Linusit und
4-6 El Haselnüsse, grob gemahlen, darüber streuen.

Müsli mit saftigen Kirschen, am besten Sauerkirschen

besonders lecker! für 4-6 Personen

250 g Haferflocken mindestens 1/2 Std lauwarm in
400 ccm Wasser einweichen;
für Magenempfindliche 10 Std kalt;
1-2 El Rosinen, bzw Datteln klein geschnitten, und
etwas Salz mit einweichen.
500 g Kirschen entsteinen* zerschneiden, mit
2-4 El Honig oder ca 7 El Sucanat vermischt einige
Stunden Saft ziehen lassen –kühl–
350 g Äpfel –5 mittelgroße– klein schneiden.
Ersatzweise getrocknete 5-10 Std einweichen,
oder frische Ananas verwenden.
Einige Stunden durchziehen lassen mit
3 El Zitronensaft mit 1 El Wasser vermischt,
sowie Gewürze

1 Tl Vanille   1 Tl Anis   1 Mssp Nelke
1/3 Tl Ingwer frisch gerieben   1/4 Tl Zimt

ca 1/4 Ltr Milch leicht erwärmen, unter die Flocken rühren, auch Schwedenmilch eignet sich hierfür
oder sogar Schlagsahne!
5 El Haselnüsse grob mahlen, teils untermischen,
teils
zum Anrichten überstreuen;
gut abschmecken.
* Stiele, einige Kerne, Apfelschalen und –kerngehäuse
ergeben mit Anis und Fenchel ausgekocht einen guten Tee.

Müsli
mit Demeter-Möhren
Sehr wohlschmeckend!

Zum Frühstück für Schulkinder besonders günstig, unterstützt die Nervensinnestätigkeit und bewirkt dadurch Wachheit im Denken. Demeter-Möhren eignen sich hierfür am besten, auch durch ihr feines, fruchtiges Aroma und ihre Süße.

242

Haferflocken-Müsli
mit Demeter-Möhren

100 g feine Haferflocken einweichen in
100 ccm Wasser, nach ca 15 Min zum Ausquellen
 noch
300 ccm Milch leicht erwärmt hinzufügen;
 würzen mit

1 Tl Honig je ¼ Tl Anis Fenchel
⅓ Tl Ingwer   Salz

 4 El Zitronensaft vermischen mit
 2 El Apfelsaft;
200 g Möhren fein reiben
200 g aromatische Äpfel grob raffeln, beides
 im Saft wenden. Alle Zutaten mischen,
 kurz ziehen lassen.

Abschmecken mit Apfeldicksaft oder
 "Sanddorn mit Honig"
 50 g Haselnüsse grob mahlen, darüber streuen.

Knusperflocken-Müsli
mit Demeter-Möhren

60 - 80 g Korinthen mit etwas lauwarmem Wasser
     befeuchten
1 - 2 El Zitronensaft mit 2 El Wasser verrühren, dazu
   4 El Apfelsaft oder 2 El Sanddorn mit Honig
     gesüßt
100 g Möhren fein reiben
100 g aromatische Äpfel grob raffeln; beides im
     Saft wenden
40 - 50 g Haselnüsse grob reiben, alles mischen,
     würzen:

    etwas Anis   Zitronenthymian
    Honig   Salz

Abschmecken, in Schälchen verteilen;
zum Überstreuen
ca 50 g Knusperflocken —Gerste, Weizen, Hirse—
und nach Wunsch etwas Frischmilch oder
Schwedenmilch extra dazu reichen.

Roggenflocken-Müsli
mit Demeter-Möhren

Vorbereitung
80 g Roggenflocken 6-10 Std kalt einweichen in
180 ccm Wasser.

Zubereitung
ca 300 ccm Frischmilch oder Schwedenmilch, jeweils
    leicht temperiert, mit den eingeweichten Flocken
    vermischen.
160 g Möhren fein reiben, sofort vermengen mit
2-3 El Leinöl —nur frisch, mit nußartigem Geschmack—
4 El Zitronensaft mit
2 El Apfeldicksaft oder Apfelsaft mischen,
160 g Äpfel grob reiben, darin wenden,
    würzen mit

etwas Anis   Fenchel   vorsichtig Ingwer
evtl Koriander   Honig nach Geschmack
1 Pr Salz

Alle Zutaten gut vermischen, etwas durchziehen lassen, abschmecken,
40 g Haselnüsse grob reiben und
    zum Anrichten darüber streuen.

Thermo-Getreide-Müsli
mit Quark

auch mit selbstgedarrtem Getreide, wie
Demeter-Hirse, -Buchweizen, -Hafer.

Vorbereitung

120 g Thermo-Getreide, auch -Grütze,
      fein schroten, in
120 ccm Wasser 10 Std einweichen.

Zubereitung

   4 El frisches Leinöl und etwas warmes Wasser mit
300-400 g Quark cremig rühren
 50-100 g Datteln klein schneiden
200-400 g Äpfel oder anderes Obst klein schneiden, in
         etwas Zitronensaft wenden, alles mischen,
         würzen mit

1 Pr Salz   Anis   Fenchel
Ingwer   evtl Dicksaft   Honig

40 g Haselnüsse hacken,
     zum Anrichten darüber streuen.

Ingwer

Frischkornschrot-Müsli
nach Kollath

Heilkost für kurmäßige Anwendung.

Vorbereitung

120 g Getreide nach Wahl fein schroten, 10 Std einweichen in

120 ccm Wasser, kühl stellen. Nach Wunsch

80 g Trocken-Aprikosen klein schneiden, lauwarm einweichen,

4 geh El Leinsamen ungeschrotet 10 Std einweichen oder kurz vor dem Anrichten schroten und zum Müsli geben.

Zubereitung

mit dem Schneebesen cremig schlagen:

2 El Mandel- oder Nußmus, tropfenweise etwas warmes Wasser,

1-2 El Honig

4 El Zitronen- oder Apfelsaft;

300-400 g Äpfel direkt hineinschneiden / grob raffeln; wahlweise etwas Frischmilch, Schwedenmilch, Sahne, jeweils leicht temperiert; alles gut vermischen; abschmecken

40 g Nüsse bzw Mandeln grob mahlen oder hacken, darüber streuen.

Knusprige Beilagen und Brotaufstriche

als Ergänzung zu Frühstücks- und Abendgerichten

249

Knusperkeks, herzhaft

frisch besonders gut,
in Dosen verschlossen gut haltbar.

100 g Weizenfeinschrot
100 g Gerstenfeinschrot
60 ccm Wasser
65 ccm Milch
35 g Butter

 ca ³/4 Tl Kümmel   1 Tl Anis
1/2 - 3/4 Tl Salz

Alles gut verkneten, mindestens 1 Std zugedeckt ruhen lassen, 2 mm dünn ausrollen,
das ganze Teigstück auf ein gefettetes Blech
legen, Kekse markieren,
backen bei 200° in etwa 15 Min hell und
knusprig, in den Markierlinien auseinanderbrechen.

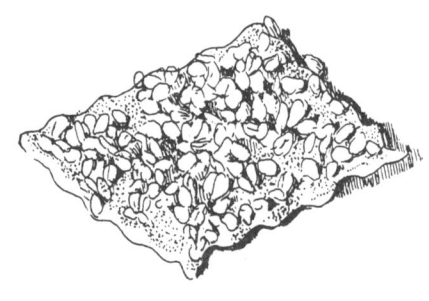

Kümmelgebäck und Käsegebäck

in Dosen gut haltbar

150 g Weizenfeinschrot mischen mit
100 g Roggenfeinschrot; für zartes Käsegebäck besser Hafermehl,

½ Tl Salz   2 Tl Kümmel, gemahlen

120 g Butter, cremig – oder 100 g Butaris mit 2 El Wasser –
6 - 10 El Buttermilch – evtl gemischt mit Wasser, saurer Sahne –.
Alles zu einem weichen Teig verarbeiten, abschmecken,
2 Std kaltstellen, dann beliebig formen:

a) 3 mm dünn ausrollen, auf ein gefettetes Backblech
   legen, Kekse ausradeln,
b) auf dem Tisch Plätzchen ausstechen,
c) ½ cm breite Streifen ausradeln, in sich drehen,
d) Teig ½ cm dick ausrollen, auf dem Blech ½ cm
   breite Streifen ausradeln,
e) Stangen rollen – Dicke einer Holzstricknadel –.
   Dicke und dünne Teigstücke getrennt auf Bleche legen,
   bestreichen mit saurer Sahne – oder Buttermilch,
   mit einigen Tropfen Öl vermischt, bestreuen mit
   Kümmelkörnern oder geschältem Sesam,
   backen bei 180 oder 200°, 15 - 20 Min hellbraun, knusprig.

Abwandlung: Käsegebäck

Teig zusätzlich würzen mit:

je ¼ Tl Curry, Salbei, Paprika

150 g Käse reiben, ⅓ in den Teig kneten, ⅔ obenaufstreuen.

251

Würzige Plätzchen
blattdünn und knusprig
in Dosen verschlossen gut haltbar.

125 g Weizenfeinschrot
oder 85 g Weizen- und 50 g Roggenfeinschrot
mischen mit
1/3 - 1/2 Tl Salz   1/3 Tl Muskatblüte   mit

ca 100 ccm Sprudel – 9-10 El – zu einem festen Teig verkneten, in 3 Teile teilen, jedes für sich würzen
mit je einer fein verriebenen Kräuterdroge:

1 geh Tl Majoran oder Liebstöckel;
1 leicht geh Tl Salbei; Estragon oder Gundermann.

Die Teigstücke zugedeckt möglichst 1 Std ruhen
lassen, auf leicht bemehltem Tisch jedes Stück
gleichmäßig 1 mm dünn ausrollen; mit einem Glas
von 5 oder 6½ cm ∅ Plätzchen ausstechen; auf
ein trockenes Blech kleine Häufchen Sesam setzen,
jeweils ein Plätzchen darauf legen, andrücken;
oder jedes Teigstück gleichmäßig 1 mm dünn
rechteckig ausrollen, auf ein gefettetes Blech
legen, Rhomben ausradeln,
backen bei 220 - 200° in 8-10 Min hell
und knusprig, auseinanderbrechen.

Flachbrot   frisch besonders gut

125 g   Weizenfeinschrot
 40 g   Sesam ungeschält – 4 geh El –
1 geh El   Haselnüsse sehr fein gemahlen
   1 Tl   Honig

⅓ – ½ Tl Salz   je 1 Tl Kümmel   Fenchel
Koriander   je 1 El getrocknete Ringelblumen
und Brennessel, alles fein verrieben

ca 5-6 El Wasser, alles zu einem geschmeidigen Teig
      verarbeiten, abschmecken; eine Rolle formen
      Ø ca 3 cm, 1 Std zugedeckt ruhen lassen,
      3 – 4 mm dünne Scheiben abschneiden, jede
      1 – 1½ mm dünn ausrollen; ein trockenes Back-
      blech mit Haferflocken bestreuen, die Teigstücke
      darauflegen,
      backen bei 220 – 200° in ca 15 Min
      hell und knusprig.

Schnellbrötchen
mit Korinthen   15 kleine Brötchen

250 g Weizenfeinschrot mischen mit

ca 1¼ Tl Salz   1 Tl Koriander   2 Tl Anis
½ Tl Fenchel   ⅛ Tl Kümmel

100 g Quark   } gut miteinander verrührt,
40 g Öl – 4 El –   } unterkneten,
20 g weiche Butter   } dazu
12 El Sprudel oder 8 El Sprudel und 4 El Dickmilch
1 geh El Demeter – Rübensirup
2 geh El Honig
100 g Korinthen
Alles gut verknetet mindestens 1 Std ruhen und
quellen lassen; mit nassen Händen – bzw El –
Brötchen formen, auf gefettetes Blech setzen,
Wasserschälchen in den Backofen stellen,
backen bei 200°, nach 30 Min Wasser entfernen,
noch 10 - 20 Min knusprig backen, mit Butter bestreichen.
Abwandlung herzhaft
Ohne Korinthen, Honig und Sirup
dafür etwas mehr Flüssigkeit oder Butter
und Salz, 1½ Tl Kümmel, jeweils die Hälfte
der übrigen Gewürze.

Unter Dampfentwicklung aufgebacken
schmecken die Brötchen besonders gut.

Früchtebrot

kühl gelagert ist es einige Wochen haltbar.

375 g Weizenfeinschrot mit den Gewürzen mischen und folgende Zutaten darunter kneten, so daß der Teig schwer reißend vom Löffel fällt.

ca 1/2 - 1 Tl Salz   abgeriebene Schale einer
kleinen Zitrone   1 Tl Anis   3/4 Tl Fenchel
3/4 Tl Koriander   1/2 Tl Ingwer, frisch gerieben
1/4 Tl Zimt

250 g Butter, cremig weich
125 - 250 ccm Sprudel, kohlensäurereich
100 g Rosinen
50 g Aprikosen, ersatzweise Birnen (Dörrobst, kleingeschnitten)
225 g Datteln, klein geschnitten
175 g Haselnüsse, grob oder fein gemahlen,
abschmecken, evtl nachwürzen.
Eine Kasten- oder Napfkuchenform fetten,
mit Bröseln ausstreuen, den Teig einfüllen,
in den kalten Backofen schieben, bei 200°
ca 80 Min backen.

Hirse-Nußmakronen
ca 40 Stück   oder Hirsemakronen

120	g	Butter, cremig —oder 100 g Butaris mit 1 El Wasser—
2	El	Honig
5-9	El	Ahornsirup
8-9	El	Buttermilch —je nach Menge des Ahornsirups — *
200	g	Hirsefeinschrot
50	g	Hafermehl —im Sieb verriebene Flocken—
100	g	Haselnüsse, fein gemahlen

1/3 Tl Salz   1/2 Tl Anis   1/2 Tl Vanille
Saft und Schale einer Zitrone

weiche und trockene Zutaten vermischen,
abschmecken, 1/2 Std kaltstellen; Makronen auf ein
gefettetes Blech spritzen, goldgelb **backen**
bei 200 – 150° ca 20 Min.

Abwandlung: Hirsestangen, Hirsehörnchen

50	g	Dattelmark —statt Ahornsirup—
10-12	El	Buttermilch; zum Würzen zusätzlich

1/2 Tl Ingwer   1/2 Tl Koriander

Den sehr weichen Teig länger kaltstellen, dann rasch
auf geölter kalter Tischplatte fingerdicke Stangen oder
kleine Hörnchen formen in reichlich feingemahlenen
Haselnüssen wälzen, backen wie oben.

    *   ohne Nüsse nur 2-3 El Buttermilch.

Hafer- oder Roggen-Nußmakronen

frisch zu essen

130 g Haferflocken fein – oder Roggenschrot mittelgrob –

1 Tl Koriander   ½ Tl Ingwer   ¼ Tl Muskatblüte
1 Tl Anis   ¼ – ⅓ Tl Salz

50 g Korinthen; alles mischen, rasch verrühren mit
250 ccm Sprudel, bedecken mit
2½ El Öl, 2 Std quellen lassen, daruntermischen:
1 – 2 El Honig – oder 1 El Honig, 1 El Apfeldicksaft, ½ El Rübensirup –
85 g Haselnüsse, mittelgrob gemahlen; abschmecken,
Häufchen auf ein gefettetes Blech setzen, verzieren,
backen bei 200 – 150° in 30 – 40 Min.

Mürbeteig-Plätzchen   in Dosen gut haltbar

200 g Feinschrot – ⅔ Weizen, ⅓ Hirse – daruntermischen:
50 g Haselnüsse fein gemahlen, sowie

je ⅓ Tl Anis, Fenchel, Koriander, Vanille, Zitronenschale   ¼ Tl Salz

100 g Butter unterkneten, dazu
1 El Rübensirup – Demeter –
2 El Dicksaft – oder Dattelmark und 3 – 5 El Wasser –
so daß ein recht geschmeidiger Teig entsteht;
abschmecken, 1 – 2 Std kaltstellen; 3 mm dick ausrollen, Plätzchen ausstechen, auf gefettetem Blech
mit gesüßtem Sauerrahm bestreichen, mit Mandelsplittern bestreuen, hell **backen** bei 200°, ca 20 Min.

257

Weizenschrot-Teegebäck
mit Rübensirup

35 Makronen und 40 Brezeln oder Plätzchen.

250 g Butter —oder 220 g Butaris mit 2 El Wasser— sowie
160 g Demeter-Rübensirup und
100 g Honig im Wasserbad cremig rühren;
500 g Weizenfeinschrot verkneten mit
160 ccm Sprudel —16 El—, danach mit
  2 El Sahne und den bisherigen Zutaten, sowie

2 Tl Anis Schale und Saft von einer Zitrone
1 Tl Vanille   ½ Tl Zimt   ¾ Tl Salz
2 Tl Koriander   2 Tl Fenchel   ½ Tl Ingwer

abschmecken, in 2 Hälften teilen, aus der ersten Hälfte
Makronen auf ein gefettetes Blech spritzen bzw setzen,
mit einer Nuß oder Mandel verzieren,
backen bei 175°, 25-35 Min. Den 2. Teil für
Brezeln oder **Plätzchen** mit
1 El Mehl verkneten, abschmecken, 3-10 Std kaltstellen.
Brezeln formen —am besten auf schwachbemehlter
Resopalplatte— in fein gemahlene Nüsse / Mandeln
drücken; für Plätzchen Kugeln formen, mit der Muskatreibe flach drücken, auf gefettetem Blech
backen bei 175-150°, 20-30 Min.

Abwandlungen: Unter den Makronenteig
2 Tl Kakao und 2 Tl Honig kneten
oder 50 g Korinthen
oder 50 g gemahlene Haselnüsse.

Aniskekse

500 g Weizenfeinschrot verkneten mit
120 ccm Sprudel – 12 El – danach mit allen folgenden
        Zutaten
  6 El Sahne
250 g Honig } an warmem Ort
250 g Butter } cremig rühren
200 g Haselnüsse, fein gemahlen

 6 Tl Anis   3/4 Tl Koriander   2 Mssp Muskat-
blüte   1/2 Tl Ingwer   Salz
2 El Zitronensaft oder Ahornsirup (süß!)

abschmecken, 5 Std kaltstellen,
2 mm dick ausrollen. Kekse ausradeln, auf
gefettetem Blech mit Sahne bestreichen, mit
grobgemahlenen Nüssen und Sucanat bestreuen,
backen bei 175°, 20 – 25 Min.

Brotaufstriche

Sesamaufstrich

200 g   Sesam ungeschält dünn auf ein Backblech breiten,
40-60 Min bei 100° darren bis er kroß ist und duftet,
abkühlen. In einer Handkaffee –oder Leinsamen-
mühle mahlen, gleich verarbeiten.

a)
  2 El **Honig** (cremig) streichfähig verkneten mit
100 g   Sesam, gedarrt gemahlen
2-4 El   Sahne, 1 Pr Salz; abschmecken, kaltstellen.
b)
5-6 El **Thymian oder Majoran** –getrocknet fein verrieben–
100 g   Sesam –gedarrt gemahlen– streichfähig verkneten mit:
  2 El Leinöl oder Butter, 2g Salz; abschmecken.

Kräuterquark

Quark –ca 100 g– cremig rühren mit etwas Schwedenmilch und Schlagsahne oder mit 2 El Leinöl und etwas
warmem Wasser, Salz, Kräutersalz, dazu viele
frische oder getrocknete Kräuter, z B:

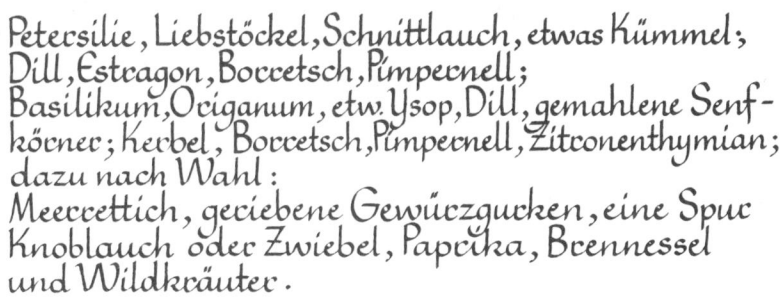

Petersilie, Liebstöckel, Schnittlauch, etwas Kümmel;
Dill, Estragon, Borretsch, Pimpernell;
Basilikum, Origanum, etw. Ysop, Dill, gemahlene Senf-
körner; Kerbel, Borretsch, Pimpernell, Zitronenthymian;
dazu nach Wahl:
Meerrettich, geriebene Gewürzgurken, eine Spur
Knoblauch oder Zwiebel, Paprika, Brennessel
und Wildkräuter.

Dattelaufstrich

250 g Datteln ohne Stein zerkleinern, einige Stunden in
200 ccm Wasser einweichen, öfter umwenden;
150 g Haselnüsse −bzw abgezogene Mandeln− mahlen, beides
mit einer Gabel streichfähig verkneten oder durch den
Wolf drehen −3 mm Scheibe−; zum Durchputzen ein
Butterbrotpapier nachstopfen, es bleibt unzermahlen zu-
rück. **Abschmecken** mit

etwas Salz   Koriander   Ingwer

Aprikosenaufstrich wie Dattelaufstrich, aber
Aprikosen länger einweichen,

1 El Honig   1/4 Tl Zimt   zufügen.

Kharba-Aufstrich

100 g Schichtkäse −oder Quark, leicht ausgedrückt−
4 El süße Sahne
30 g Kharba (Johannisbrotpulver) −6 gestr El −
3-4 El Honig −cremig, nicht flüssig−

1/2 Tl Salz   1/2 Tl Vanille

Evtl verfeinern mit 30-40 g Mandeln −fein gemah-
len− und 2 El Sanddorn.
Streichfähig verkneten, abschmecken,
kaltstellen.

Festlicher Brotaufstrich 28 Kugeln

250 g Doppelrahmkäse mit Milch streichfähig verkneten **oder**
    400 g Quark trocken ausdrücken ⎫
     40 g Sauerrahm   ⎬ zusammen
     2 Tl Öl – am besten Leinöl – ⎭ verkneten
¼ Tl Kräutersalz – für beigefarbige und braune nur Salz –
    kräftig abschmecken; in 7 Teile teilen für jeweils
    4 Kugeln:

Beigefarbige Kugeln: fein gemahlene Haselnüsse, etwas
    Muskatnuß unterkneten, abschmecken; die 4 Kugeln
    in gemahlenen Nüssen wälzen.

Rote Kugeln: fein geriebene rohe Möhren, mit Zitronen-
    oder Apfeldicksaft vermischt, unterkneten, abschmecken;
    die 4 Kugeln in geriebenen Möhren wälzen.

Gelbe Kugeln: Emmentaler Käse reiben, unterkneten,
    abschmecken; die 4 Kugeln in geriebenem Käse wälzen.

ca 100 g Doppelrahmkäse unter den restlichen Teig kneten,
Weiße Kugeln daraus formen.

Grüne Kugeln: 4 weiße Kugeln in gehackter Petersilie oder
    in Dill, Kerbel, Wildkräutern wälzen.

Schwarze Kugeln: 4 weiße Kugeln in dunklen – evtl gerö-
    steten – grob gemahlenen Kümmelkörnern wälzen.

Braune Kugeln: Dattel- oder Kharba-Aufstrich
    herstellen – s S 262 –, etwas trockner durch mehr
    Nüsse bzw Kharba; 4 Kugeln formen, in Kharba
    wälzen.

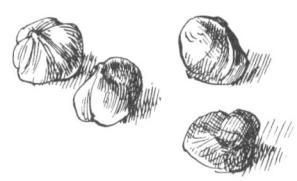

Abkürzungen und Maßangaben

gem = gemahlen
nat = naturbelassen, nicht chemisch behandelt
Pr = Prise, die Menge, die man zwischen 2 Finger nimmt
Ltr = Liter = 1000 ccm
Mssp = Messerspitze eines Speisemessers – kein spitzes
        Küchenmesser –
Tl = Teelöffel ⎤ man schöpft so viel aus dem Behälter – zB
El = Eßlöffel ⎦ Grieß – wie bequem auf dem Löffel bleibt
gestr = gestrichen : den gefüllten Löffel mit einem Messer-
        rücken glattstreichen
geh = gehäuft

Das Fassungsvermögen
der hier benutzten Löffel und Tassen
(zum Vergleich mit den eigenen Löffeln und Tassen)
1 Tl (Teelöffel) = 1/2 El (Eßlöffel)

1 Tl gestr = **gestrichen**		1 El = **bequem geschöpft**	
1 Tl Salz	8 g	1 El Salz	15 g
1 Tl Vollgrieß	5 g	1 El Vollgrieß	12 g
1 Tl Maisgrieß	6 g	1 El Maisgrieß	13 g
1 Tl Weizenschrot	4 g	1 El Weizenschrot	11 g
1 Tl feine Haferflocken	3 g	1 El feine Haferflocken	7 g
1 Tl gem Anis	2 1/2 g	1 El gem Anis	4 g
		1 El Wasser	10 g
		1 El Öl	8 g

1 Tasse Wasser randvoll 200 g   1 Tasse Wasser servierfähig 120 g
1 Ltr Wasser wiegt 1 kg oder 1000 g (das gilt nur für Wasser).

Wo erhält man die empfohlenen Produkte?

Lebensmittel aus biologisch-dynamischem und biologischem Anbau führen Naturkost-, Demeterläden und Reformhäuser. Manche gärtnerischen und landwirtschaftlichen Betriebe haben einen Stand auf dem Wochenmarkt oder Verkauf »ab Hof«. Interessierte Verbraucher schließen sich häufig zusammen, um von entfernt gelegenen Höfen Frischmilch, Gemüse, Getreideprodukte usw. zu holen.

Einige bei Drucklegung des Buches verfügbare Anschriften:

Demeter-Erzeugnisse: Warenliste erhältlich beim Demeter-Bund, Fenchelstr. 14, 7000 Stuttgart 75, sowie Auskunft über regionale Fachgeschäfte.

Demeter- und Naturkostwaren: Auskunft über regionale Fachgeschäfte bei der Groß-handelsgenossenschaft Naturata, Tauberstr. 25, 6970 Lauda.

Würzmittel *in Demeter-Qualität*, teilweise auch im Fachhandel erhältlich:
Antropos. Großhandel für natur- und menschengemäße Erzeugnisse, Hohenzollerndamm 136, 1000 Berlin-Schmargendorf 33.
Eckarthof, CH-8574 Lengwil, Saatzuchtbetrieb. Samen, Tees, Kräuter.
Gärtnerei Lahmann, Berkefeldweg 24, 3100 Celle. Auch Samen und Pflanzen.
Lebensbaum, U. Walter OHG., 2841 Rehden.
Klosterlaboratorium, 7073 Lorch. Biologisch-dynamisch u. biologisch angebaute getrock-nete Kräuter, Kräutersalz, Salben.
Weilerhof, Uhlandstr. 9, 8754 Großostheim. Auch Pflanzen- und Frischkräuterversand.

Biologisch angebaute Gewürzkräuter
Backtechnik GmbH., Basaltstr. 6–7, 6364 Florstadt 1. Getrocknete Gemüse und Kräuter in Pulverform aus biologisch-dynamischem Anbau. »Sekowa Gemüsebrühe«.
Blauetikett Bornträger GmbH. Auch Frischkräuter-Versand, Samen, Pflanzen.
Brecht Gewürzmühle, 7500 Karlsruhe. Auch Kräutermischungen und Kräutersalz.
Vogel Bioforce, Jahnstr. 20, 7145 Markgröningen-Unterriexingen. Auch Kräutersalz Herba-mare, Trokomare und flüssige Würze Kelpamare.

Zum Säuern: Molkosan (Molkekonzentrat von A. Vogel)
Demeter Apfelessig, 7056 Weinstadt-Beutelsbach Fruchtsaftkelterei
Demeter Vollkorn-Kwaß (auch ein Heil- und Genußmittel) von:
Kwaß OHG Voelkel, Gaußstr. 190, 2000 Hamburg 50
Kanne Brottrunk, Bäckerei Kanne, Im Geistwinkel 40, 4670 Lünen.

Öl, kaltgepreßt: Ölmühle Fritz Kaucher, Pf 1106, 860 Schopfheim (Verkauf auch in kleinen Mengen an Private) ebenso Ölmühle Carl Geiger, Pf 34, 7142 Marbach/N (auch Demeter-Rapsöl)

Wildfrüchte ohne Zucker konserviert: Preiselbeeren, Heidelbeeren, Hagebuttenmark von Koch-Waldfrüchte, Postfach 1129, 8475 Wernberg-Koblitz

Elixiere von Wala und Weleda (auch ohne Zucker oder zuckerarm) in Naturkostläden, Reformhäusern und Apotheken

Mühlen für Getreide, Ölsaat, Gewürzsamen, siehe Buch über Haushaltsgetreidemühlen im Literaturverzeichnis; Beratung durch den Arbeitskreis für Ernährungsforschung. (Anschrift S. 265)

Kochtöpfe für schonendes Garen und gefahrloses Nachquellen mit Thermikböden, Wärmemantel oder Wasser- bzw. Dampfbad:
– Doufeu-Topf aus schwerer Gußemaille, Versand durch Reform-Service J. Koeppel, Rotmoosstr. 9, 8990 Lindau; R. Hardt, Waldhof Krügersheide, 5650 Solingen 11
– Simmer-Topf aus Chromargan (Wasserbadprinzip), Beka, 7400 Tübingen
– Blanco-Koch- und Schmorschale mit Warmhalteschale, Blanco, Schillerstr. 23, 7519 Oberdingen 1
– SUS Edelstahltopf, dazu Wasserbadeinsatz, Dünsteinsatz, Spar-Garbox und Turmdünster Perfekto mit Glaseinsätzen, Versand durch Bio-Gartenmarkt Keller, Konradstr. 17, 7800 Freiburg; und Weiling, Erlenweg 131, 4420 Coesfeld

Kochplatte »Truka« Wärmeverteiler und Sparplatte für alle Wärmequellen, Fa. Ibert, 8001 Neusäß b. Augsburg

Kochkiste und Getreidebehälter Blarsch, 8197 Königsdorf/Zellwies 11

Trockenapparate für Kräuter, Obst, Gemüse:
Sila (mit natürlich behandeltem Holz), Wärmequelle Herd, Heizung,
Sigg dörrex (elektrisch beheizt) durch Bio-Gartenmarkt Keller und Weiling, s. o.

Literaturhinweise

Gerhard Schmidt, »Dynamische Ernährungslehre«, Bd. 1 und 2, Proteus-Verlag St. Gallen 1975 und 1979

Rudolf Hauschka, »Ernährungslehre«, Frankfurt 1951

Udo Renzenbrink, »Ernährungskunde aus anthroposophischer Erkenntnis«, Dornach 1982[4]

Udo Renzenbrink, »Ernährung unserer Kinder«, Stuttgart 1988[7]

Udo Renzenbrink, »Ernährung in der zweiten Lebenshälfte«, Stuttgart 1987[3]

Rudolf Steiner, »Naturgrundlagen der Ernährung«, Rudolf-Steiner-Thementaschenbücher, Band 6, Hrsg. Kurt Th. Willmann

Rudolf Steiner, »Ernährung und Bewußtsein«, Hrsg. Kurt Th. Willmann, Band 7, beide Stuttgart 1981

Gerbert Grohmann, »Die Pflanze« Bd. 1 und Bd. 2, Stuttgart 1981[6] und 1981[3]

Herbert H. Koepf, »Was ist biologisch-dynamischer Landbau?«, Dornach 1981[3]

Hans Heinze, »Gesunde Erde, gesunder Mensch; Ernährung und Landwirtschaft«, Merkblatt Verein für ein erweitertes Heilwesen, Bad Liebenzell

Ehrenfried Pfeiffer/Erika Riese, »Der erfreuliche Pflanzgarten«, Anleitung zur Gartenpflege nach der biologisch-dynamischen Wirtschaftsweise, Dornach, 1982[6]

Chr. Blume, U. Renzenbrink, »Die Umwelt des Kleinkindes – Die gesunde Ernährung des Säuglings«, Merkblatt Verein für erweitertes Heilwesen, Bad Liebenzell

U. Renzenbrink, G. Schmidt, »Vom Wert der Gewürze«, Merkblatt s. oben

W. Ch. Simonis, Kleine Gewürzpflanzenkunde, Frankfurt 1978[5]

W. Ch. Simonis, »Korn und Brot«, Stuttgart 1981[2]

Otto Wolff, »Die Süße Sucht, Zucker und Zuckergenuß«, Sonderdruck aus »Die Drei« 4/83, Stuttgart

Petra Kühne, »Lebensmittelqualität und bewußte Ernährung«, Stuttgart 1985

Petra Kühne, »Säuglingsernährung«, Bad Liebenzell 1986[2]

Ada Pokorny, »Die Verarbeitung des Getreides zu Brot und Gebäck«, Bad Liebenzell 1980[2]

John Yudkin, »Süß aber gefährlich«, Bioverlag, 6072 Dreieich

Udo Renzenbrink, »Die sieben Getreide, Nahrung für den Menschen«, Dornach 1981

Anni Gamerith, »Ehrfurcht vor Korn und Brot«, Verlag Neues Leben, Bad Goisern 1976

M. H. Béguin, »Gute Zähne dank vollwertigem Zucker«. Edition de l'Etoile, rue Prairie 5, CH-2300 La Chaux-de-Fonds

Zeitschriften:

»Ernährungsrundbrief«, Vierteljahreszeitschrift, Hrsg. Dr. med. Udo Renzenbrink, Arbeitskreis für Ernährungsforschung, 7263 Bad Liebenzell

»Lebendige Erde«, Zweimonatsschrift, Verlag Lebendige Erde, 6100 Darmstadt, Baumschulenweg 11. Beilage »Gartenrundbrief«, der auch extra bezogen werden kann.

»Demeter-Blätter«, Hrsg. Demeter-Bund, 7000 Stuttgart 75, Wellingstraße 24.

Register

*neu: Johannisbrotkernmehl und reines Apfelpektin

Aus Barbara Hübners feiner Würzküche

Band II

Hauptgerichte

mit Getreide, Gemüse, Obst

304 Seiten mit 160 Illustrationen
von Lore Klett, gebunden

Der erste Band brachte Rezepte für kleine Gerichte zum Frühstück und Abendbrot, für Suppen und Nachspeisen. Mit dem neuen Band Hauptgerichte liegen nun zwei handliche Bücher vor, die inhaltlich eine Einheit bilden.

Auch die fleischlose Küche kann, mit Getreide als Grundnahrungsmittel, das Niveau der hohen Kochkunst für Feinschmecker erreichen. Dazu führt: beste biologische Qualität der Nahrungspflanzen sowie der Milch und ihrer Produkte; schonendste Zubereitung; harmonischer Zusammenklang der Zutaten wie der einzelnen Gerichte einer Mahlzeit; als tragendes Fundament aber die Kunst des Würzens, die naturgegebene Geschmacksnuancen hervorlockt, steigert, wandelt, bereichert. Vorzugsweise mit einheimischen Gewürzen und Kräutern, auch Wildkräutern, wird vielseitiger und intensiver gewürzt als üblich; in großer Fülle entstehen herzhafte und pikante, aber auch unerwartet reizvolle süße Gerichte – ohne Industriezucker.

Erkenntnisse Rudolf Steiners über den Menschen und seinen Zusammenhang mit dem Pflanzenwesen und den Elementen der Natur, insbesondere mit der Wärme, führen zur Erneuerung der Küchenpraxis in der Handhabung von Wärme, Luft und Wasser. So kann der gesamte Umgang mit der Nahrung, schon von der Erzeugung her, einem diätetischen Impuls dienen, der entscheidend beiträgt zu dem ungewöhnlichen Wohlgeschmack und der hohen Bekömmlichkeit der Speisen und der vorgeschlagenen Kombinationen.

Aus dem Inhalt: Darstellungen der Grundgedanken mit Angaben weiterführender Literatur und mit praktischen Hinweisen · Charakteristik der Getreidearten und ihrer Produkte sowie der Würzpflanzen und ihrer Handhabung sowie wichtiger Haushaltsgeräte · Übersichtlich in Tabellen: Grundrezepte für alle Getreidearten und für Getreidegerichte; Würzvorschläge für Getreide-, Gemüse-, Obstspeisen · Einzelrezepte in Fülle, meist mit Abwandlungen und Vorschlägen zu Variationen; Hinweise für die Zusammenstellung von Mahlzeiten · Für Ungeübte: ausführliche Schilderung der Zubereitung und Angabe der Gewürzmenge jeweils so genau wie möglich · Für Mütter: Rezepte für verschiedene Müsli, für Getreide-Milchgerichte, Obstspeisen, Cremes; Vorschläge zu kindgemäßem Anrichten usw.

Zur Ausstattung: übersichtliche Anordnung und sehr ausführliche Register, Bezugsquellenliste für Produkte und Haushaltsgeräte · durchgehend künstlerische Gestaltung mit einer Fülle überaus lebendiger Zeichnungen.

VERLAG FREIES GEISTESLEBEN